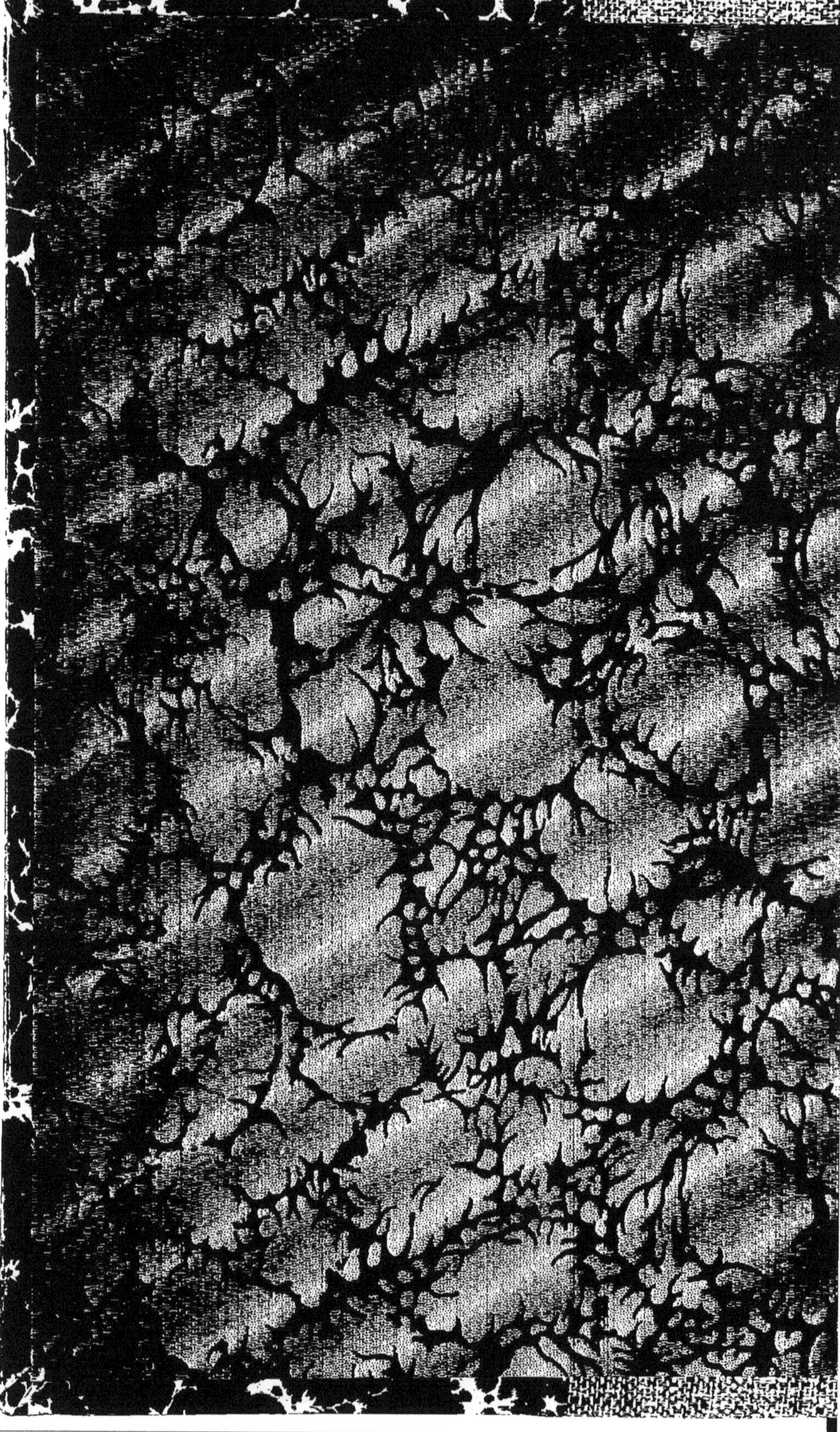

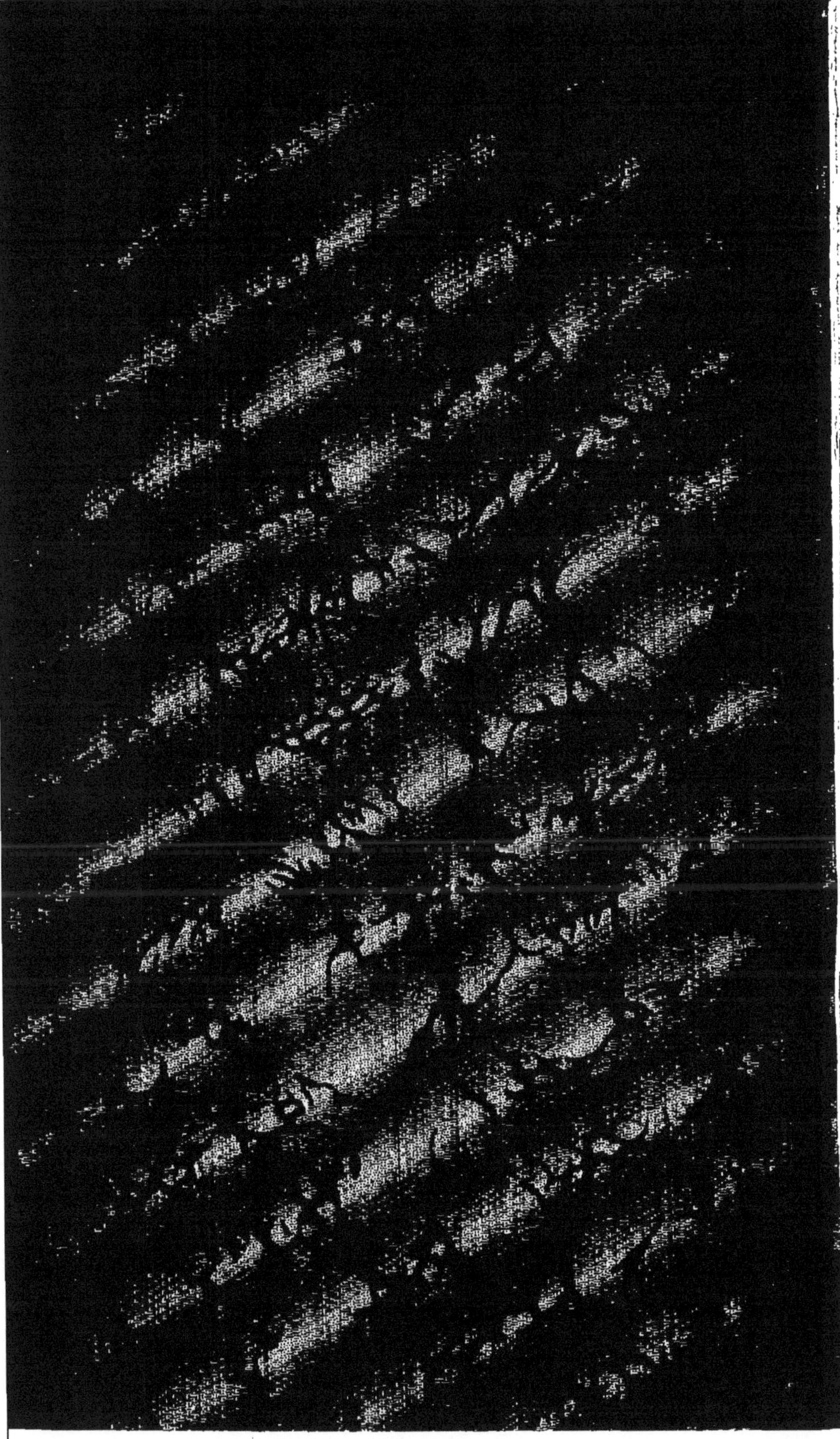

* * *

Honneur militaire

ITALIE 1859

COCHINCHINE 1862

FRANCE 1870

PRÉFACE DU Vte E.-M. DE VOGÜÉ
DE L'ACADÉMIE FRANÇAISE

LIBRAIRIE PLON

HONNEUR MILITAIRE

Le souvenir des dévouements à la France doit être religieusement conservé, parce qu'il honore le pays, lui rappelle ce qu'est le véritable patriotisme et lui donne espoir pour l'avenir.

Général CHANZY.

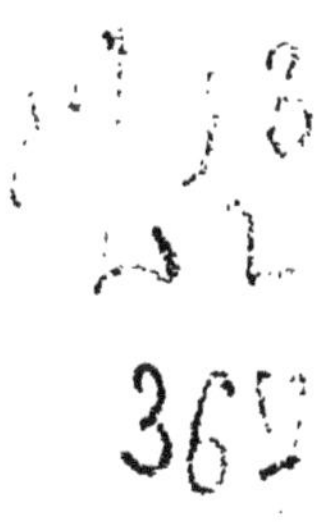

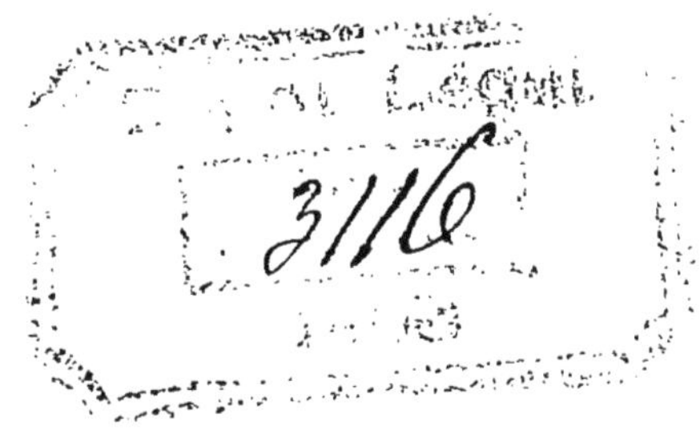

* * *

HONNEUR MILITAIRE

ITALIE — 1859
COCHINCHINE — 1862
FRANCE — 1870

PRÉFACE DU Vte E.-M. DE VOGÜÉ
DE L'ACADÉMIE FRANÇAISE

PARIS
LIBRAIRIE PLON
PLON-NOURRIT ET Cie, IMPRIMEURS-ÉDITEURS
8, RUE GARANCIÈRE — 6[e]

1908

PRÉFACE

Une maison modeste au bord de la route, dans une bourgade provinciale; les volets verts, discrètement entre-bâillés à la lumière du soir, permettent au passant de jeter un regard dans l'intérieur; salon, meubles, objets familiers, silhouettes des personnes entrevues un instant dans le clair-obscur, mâles visages des hommes, douces physionomies des femmes, tout donne à ce passant la vision rapide d'un de ces foyers qui sont l'honneur et la force de notre pays. Il continue sa route, réconforté par la bouffée d'air salubre qu'il a respirée devant ce logis inconnu.

J'essaie de rendre avec cette comparaison l'impression que reçurent les lecteurs de la *Revue des deux Mondes*, lorsqu'ils y rencontrèrent les notes anonymes publiées sous ce titre : *Honneur militaire*. Impression renouvelée, et tout aussi vive, aujourd'hui que ces notes nous reviennent, réunies dans un livre.

Un livre! Ce mot convient mal, en vérité, à la poignée de reliques qu'une main pieuse nous offre timidement. Rien ici qui sente la littérature; nulle composition, nul apprêt, nul souci de capter notre intérêt par une action suivie, ou tout au moins par les portraits de ces héros qui passent devant nous comme des ombres, laissant entrevoir seulement la beauté de leurs âmes. Des fragments de correspondances, à peine reliés par le fil léger des souvenirs qui les expliquent, et c'est tout. On nous les présente avec tant de simplicité, tant de pudeur, j'allais dire tant de fière gaucherie, que nous éprouvons quelque difficulté à recomposer un tableau avec ces indications sommaires. Nous savons bien qu'il s'agit de personnes réelles; mais des noms d'emprunt les déguisent, de vagues initiales masquent les officiers cités dans les lettres, des prétéritions volontaires nous déroutent : l'auteur accumule les précautions pour voiler l'héroïsme et la gloire, comme feraient d'autres pour dissimuler la honte d'un scandale.

On peut pourtant la reconstituer, cette famille exemplaire dont toute l'histoire tient dans ces deux mots : honneur militaire. En 1859, au moment où éclate la guerre d'Italie, elle se compose du père, officier supérieur, de la mère, d'une fille et de deux jeunes fils : l'aîné, sorti récemment de Saint-Cyr, débute dans un régiment d'Afrique; le second est à l'École navale. Ce sont des gens de vieille souche chrétienne, française, provinciale; pour eux tous, hommes et femmes, le devoir patriotique est une seconde religion, l'armée une autre église, que leur foi ne sépare point de celle où ils vont prier. Les deux enfants — l'aîné n'a pas vingt-deux ans — répondent à la définition que Joseph de Maistre donnait de son fils : « Un brave jeune homme qui croit en Dieu et qui n'a pas peur du canon. »

L'ordre de mobilisation arrive; le colonel emmène son régiment en Italie; le petit sous-lieutenant, rappelé d'Afrique, reçoit même destination. Au soir de la journée de Solférino, le père et le fils tombent sur deux points différents du champ de bataille, sans s'être vus. Le premier en est quitte pour un bras emporté. Opéré par le docteur Larrey, on le croit perdu : un franciscain étend sur le blessé une chasuble apportée de son couvent, place sur la table un crucifix entre deux cierges allumés. L'énergique soldat se réveille : « Je ne veux pas mourir... Laissez la croix, enlevez les cierges. » Et il survit.

Le fils, qui a combattu tout le jour

avec une première blessure au bras, se porte à la fin de l'action sur Cavriana, où Canrobert demande des volontaires; une balle l'atteint au cœur. Il est ramassé par un voyageur suisse qui prodiguait ses soins à nos soldats : ce voyageur n'était autre que M. Henri Dunand, l'homme de bien chez qui les émotions de cette journée firent naître la pensée d'où allait sortir la Croix de Genève, la Croix Rouge.

Les femmes, restées en France, ne savaient rien, sinon que le père avait été blessé. Mme Le Brieux, — un nom d'emprunt, je le répète, — part pour Brescia. En arrivant, elle apprend que son enfant repose dans le cimetière de Cavriana. Elle a le courage de cacher la cruelle vérité à son mari, jusqu'au jour où il pourra en supporter la révélation.

Mlle Le Brieux court à Brest, elle va instruire le jeune élève du *Borda* des malheurs qui frappent sa famille. Elle le trouve dans le coup de feu des examens de sortie. Après les premières heures d'accablement, il se ressaisit, s'acharne au travail, gagne son épaulette. Trois mois plus tard, au moment où le colonel convalescent rentre en France, l'aspirant reçoit l'ordre d'embarquer pour la Chine : il va se battre, lui aussi, à Che-fou, à Pékin. Du pont de la *Renommée* où il vient de monter, il écrit en quittant la France : « Je n'avais qu'une chose à embrasser, c'était la terre. Je l'ai embrassée sans regarder si on me voyait. » — Le père dit simplement : « Je le sais, ce qui m'appartient appartient à la France. Je lui donne tout, jusqu'à mes enfants. Je trouve cela dur. » Lui-même remonte péniblement à cheval, reprend le commandement d'un régiment : bientôt, trahi par ses forces, l'invalide est contraint de quitter le service ; il s'y résout, le cœur brisé. L'année suivante, le jeune marin est grièvement blessé en Cochinchine, à l'attaque des lignes de Ki-Oa. On désespère de le sauver. Un de ses camarades annonce à la famille la triste nouvelle, en ces termes : « Il passait de syncope en syncope. Tout à coup, ouvrant les yeux, il prononça ce seul mot : *Maman!* De nouveau il perdit connaissance, et lorsque l'évanouissement cessa, il murmura dans un sifflement de sa poitrine trouée :

« — Ils en mourront tous les trois, je « veux leur écrire, ces pauvres chers... « Et le drapeau?...

— Vainqueur, répondis-je. »

Les parents revirent leur enfant, arraché à la mort, décoré à vingt ans, ramené en France après une traversée qui faillit l'achever. Sa vigoureuse constitution le sauva. Dix ans plus tard, on le ramassait de nouveau, sur la neige, dans cette forêt de Marchenoir où les fusiliers marins de l'armée de la Loire avaient été décimés. Blessure très dangereuse encore, aggravée par une blessure morale : la défaite et l'invasion jetaient dans ce cœur ardent un désespoir dont témoignent ses lettres. Même désespoir dans la petite ville de l'Est, occupée par l'ennemi, où ses parents enfermés le pleuraient de nouveau, où son père subissait la torture du vieux soldat qui ne peut plus défendre la patrie envahie.

Ces braves gens se retrouvèrent enfin, pour peu de temps. A peine rétabli, l'officier de marine rembarqua, jugeant qu'il n'avait pas encore assez fait pour la France. Il acheva de s'user à son service, dans les croisières lointaines. Coup sur coup, Mlle Le Brieux mit dans le même tombeau son père, sa mère, ce frère qui les suivait prématurément. Seule survivante de la noble lignée, elle a voulu en ranimer les cendres en publiant quelques fragments des courtes lettres où les trois soldats échangeaient leurs pensées affectueuses, leurs espérances, leurs enthousiasmes du début, leurs tristesses de la fin.

Miroir sincère et pur, cette correspondance, où ils s'entretiennent si simplement du devoir auquel ils subordonnent toutes choses, de leur amour commun pour la famille, pour la patrie, pour leur métier. Aux lettres viriles des soldats répond une plainte attendrie dans celles des deux femmes. Oh ! ce ne sont pas des Romaines, ces simples femmes aimantes, toujours sur le qui vive pour les chères existences en péril : elles maudissent la guerre et ses cruautés, mais avec une résignation pieuse, une acceptation douloureuse de leur devoir, elles aussi. Nulle emphase, pas un mot déclamatoire dans ces lettres, où il semble que l'héroïsme soit une atmosphère naturelle et que ces hommes, ces femmes, la respirent comme l'air natal, sans soupçonner qu'il puisse y avoir un mérite dans l'accomplissement de cette fonction habituelle. Je n'eusse point parlé de ce livre, si j'y avais trouvé la moindre trace des déclamations dont nous sommes saturés : nous en avons assez, nous en avons trop, de ces voix enflées et criardes qui feraient haïr les plus saintes choses, l'armée, le drapeau, la patrie, lorsque l'impudeur des rhéteurs et des charlatans s'en sert comme d'un tremplin. Rien de semblable dans les exhortations sérieuses du colonel Le Brieux, dans les effusions juvéniles de ses fils; de toutes ces pages s'exhale la saine odeur d'un milieu et d'un temps où l'action était plus audacieuse que la parole, où l'on ne faisait ni bruit, ni dispute des vérités élémentaires et des vertus natives que l'on pratiquait avec simplicité. Ce dernier mot revient toujours sous la plume, quand on parle d'un livre dont il pourrait être l'épigraphe.

Livre consolant, comme une percée profonde qui nous ferait entrevoir les assises solides, impérissables de notre pays. Il repose sur ces familles Le Brieux, nombreuses encore, où chacun le sert avec conscience, bravoure et tendresse. Si les maîtres de ce pays avaient un souci éclairé de la santé nationale, *Honneur militaire* serait demain dans toutes les écoles de la République, lu et commenté par tous les instituteurs. Le lecteur sourit; c'est un symptôme fâcheux que le lecteur ait raison de sourire d'un vœu si naturel.

Souhaitons du moins que les Dames de la Croix-Rouge portent quelques exemplaires de ce livre aux blessés, aux malades qu'elles vont soigner et distraire dans les ambulances africaines. Là, il sera lu et apprécié par des hommes qui pourraient le récrire, parce qu'ils vivent dans les mêmes sentiments et font les mêmes œuvres que leurs aînés. Les frères Le Brieux s'appellent aujourd'hui les frères Jiudice, pour ne citer qu'un nom entre cent autres. Si certaines lettres venues de la frontière marocaine étaient publiées, on y retrouverait l'accent et les termes mêmes des lettres recueillies dans ce volume. La bonne graine de France donne mêmes fleurs et mêmes fruits, partout où le vent la jette sur un terrain favorable. C'est la réflexion réconfortante que l'on ne peut s'empêcher de faire en fermant ce livre. Remercions la main qui l'a posé, comme une lampe funéraire, sur les tombeaux où sa lueur discrète glorifie les morts et montre le chemin aux vivants.

E.-M. de Vogüé.

Juin 1908.

AVANT-PROPOS

Les pages qui vont suivre étaient d'abord — et uniquement — réunies pour un cercle d'amis, cercle toujours restreint, et que la mort de plusieurs d'entre eux a encore resserré. Parmi ceux qui demeurent, les plus autorisés, les mieux informés, ont jugé que d'aussi beaux exemples peuvent exercer sur la génération actuelle une salutaire influence et sont à publier.

Ils croient que l'on peut répéter de cet ouvrage : « Ce livre vient à son heure, à un moment difficile pour les militaires et les marins. Il leur montrera à quelle élévation de pensées peut atteindre l'homme qui ne dévie pas de la ligne qui lui est tracée par le devoir, l'honneur, la soumission à la volonté de Dieu et le culte de la patrie. »

L'auteur même (1) à qui sont empruntées ces nobles paroles m'écrit le 20 août 1907 : « Madame, je ne puis qu'être touché de la pensée que vous venez d'avoir en insérant dans votre livre les quelques lignes que j'avais consacrées à l'amiral du Petit-Thouars.

Cet hiver un ami m'a communiqué les articles de la *Revue des Deux Mondes* — *Honneur militaire* — et j'ai parfaitement

(1) Amiral Félix Dupont.

reconnu qu'il s'agissait de mon camarade ***.

En 1870, nous avons combattu l'un à côté de l'autre, dans l'armée de la Loire, à Freteval; depuis, j'ai revu plusieurs fois votre frère, et notre dernière rencontre date de 1880, à Toulon ou au golfe Juan.

En apprenant sa mort j'ai donné de sincères regrets à un camarade excellent, brave entre tous, d'une élévation de caractère incomparable. Vous pouvez être fière de cette appréciation qui est celle de la marine entière. »

En 1883, l'amiral Maudet m'écrivait en ce même sens. « C'est avec une profonde douleur que j'apprends la mort du Commandant votre frère, officier brave, dévoué, au cœur patriote et aimant. C'est une grande perte pour la marine et pour ceux qui ont eu l'honneur d'être ses chefs. » — Et, ajoute l'amiral Lafont, il possédait tout ce qui constitue un beau caractère.

Il n'était pas seul. L'officier de marine fermait une triade, dont son père et son frère aîné avaient franchi les étapes premières. « Ils ont accompli tout leur devoir — qu'ils l'eussent choisi ou subi — avec une tranquille volonté, car ils ont été braves à la fois et d'instinct et de race » (1).

(1) Mgr Dadolle, évêque de Dijon. (Croix-Rouge, 2 avril 1908.)

I

GUERRE D'ITALIE

1859

GUERRE D'ITALIE

1859

> On ne sait bien qu'on aime que lorsqu'on se quitte, qu'on est absent ou qu'on se revoit.
> (Napoléon au prince Eugène.)

I

C'était au printemps de 1859. Après une vie heureuse, aurore très pure d'un jour d'orage, de dures épreuves commencèrent.

Nous étions cinq; un père intelligent et ferme (1), une mère aimable, d'un cœur par-

(1) Il eut le privilège de naître avec peu de fortune et d'être de bonne famille; de là sa personnalité affirmée dès l'adolescence, sa force morale jamais démentie. D'une absolue droiture d'esprit et rigidité de principes, d'une rare unité de conscience, cette nature ardente, violente même, fut rigoureusement réglée par l'exercice

fait, d'esprit judicieux, trois enfants dont deux fils : l'aîné, Jean, sorti de Saint-Cyr en 1857, faisait ses débuts dans un régiment d'Afrique (1); Robert, le plus jeune de nous, achevait à Brest, sur le *Borda*, sa seconde année d'études maritimes; je restais donc seule avec mes parents. A cette époque ma famille habitait Dieppe que nous devions bientôt quitter, car mon père, officier supérieur au 15e de ligne, venait d'être appelé à l'un des forts de Paris. Il s'y rendit aussitôt et nous allions le rejoindre lorsque la guerre d'Italie fut déclarée.

Cette résolution de Napoléon III, qui devait avoir de si graves conséquences, nous atteignait déjà en nous dispersant. C'est alors que s'ouvrit la correspondance qui est la trame de ce récit et son principal intérêt.

soutenu d'une inflexible volonté que ni l'ambition, et moins encore l'intérêt ne devaient faire transiger.

Les prénoms des membres de cette famille sont seuls donnés; on comprendra également certaines réserves, telle l'omission de lettres intimes, peut-être les mieux pensées, les plus tendres, les plus belles assurément.

(1) 72e de ligne.

Mlle Le Brieux
à M. Robert Le Brieux au Borda.

Dieppe, 24 août 1859.

Je viens te mettre au courant de ce qui bouleverse notre existence. Tu dois savoir, toi, si uni aux tiens, ce qui rend nos jours gais ou tristes : nous sommes à cette dernière impression. Ecoute.

Notre père est arrivé hier soir à huit heures pour nous chercher, mais les bruits de guerre nous avaient donné une telle inquiétude que ce retour fut sans joie. Cependant il nous rassura par sa tranquillité et nous causâmes de bien des choses, de toi surtout.

A minuit, on lui apporta une dépêche. En la lisant, il devint très pâle et nous dit brièvement : « Je vais en Italie, sous les ordres du maréchal Baraguay d'Hilliers qui commande le 1er corps d'armée.

Je pars à six heures avec mes hommes. »

C'était la foudre tombant sur notre tête : à six heures, tout de suite!... Nous n'osions pas lui parler, nous n'osions pas pleurer; il ne l'aurait pas permis. Avec une surprenante netteté de vues, il décida ce qui nous concernait, prévoyant tout. Ni ma mère ni moi ne semblions l'entendre, le comprendre, restant debout en face de lui, inertes, les bras tombés : « Résignez-vous, dit-il, comme je me soumets moi-même; vous ne voudriez peut-être pas m'empêcher d'aller à mon devoir? » Non, sans être femmes romaines, cette pensée ne nous vint pas.

L'heure s'avançait; il fallait pourvoir aux préparatifs du départ, mais, à chaque instant, on s'interrompait pour lui demander un conseil, lui dire un mot ou simplement le regarder... A l'aube, nous descendons avec lui sans savoir où il allait et, inconscientes comme des somnambules, nous le suivons à l'église déserte où il entra en nous faisant signe : il avait été convenu avec l'officier porteur de la fatale dépêche qu'une messe serait dite à quatre heures. Ce jour-là, c'était la fête de Pâques!...

L'église était ouverte. M. l'abbé Billard, depuis évêque de Carcassonne, montait à l'autel. A quelques pas, M. Gustave de Lockner, capitaine adjudant-major, était agenouillé à côté de sa jeune femme, tous deux saisis de douleur, mais pleins de foi. Jamais nous n'avions autant senti le besoin du secours divin. Après la messe nous rentrons à la maison pour le dernier adieu. Je ne t'en dis rien... A la gare, où nous le suivîmes, c'était une débandade : tous à la fois, les soldats se précipitent dans les vagons, gais, criant, chantant, fous. Très graves, les officiers montent ensuite. Sans rien dire mon père nous serre dans ses bras. Le train s'éloigne, se perd dans le lointain et notre force se perd aussi. Sur le quai désert nous restions muettes, seules, regardant l'horizon, ce grand vide qui l'avait dérobé. Au revoir. Lorsque j'aurai l'adresse de notre père je te l'enverrai afin que tu lui écrives. »

A la page précédente il est parlé de M. de Lockner dont le nom reviendra fréquemment dans ce récit. Ce charmant homme, déjà très sympathique à mon père, son aîné de bien des ans, lui témoignait un sentiment devant établir entre eux une de ces rares amitiés qui résistent à tout. La solidité de ses principes, la distinction de son esprit, l'élévation de son caractère, sa valeur, le situaient bien haut dans l'estime de chacun, supérieurs et subordonnés.

Dans une circonstance où se révèlent les plus vives émotions de l'âme, ce jeune chef de famille n'hésita pas entre son devoir et son bonheur. Il partit, nous le retrouverons en 1871 à la fin du siège de Paris, alors qu'il écrivit une date glorieuse dans sa vie et dans l'histoire; mais ne devançons pas le cours des années.

Les jours qui suivirent le départ de mon père, nous les avons passés, ma mère et moi, dans une morne tristesse, qui n'était pas encore l'angoisse. Nous allions au bord de la mer dont l'immensité s'harmonisait avec nos pensées profondes et graves. Le temps était beau, le ciel pur et, dans cet aspect tranquille des choses, je me plaisais à voir de favorables présages. Nous restions là, des journées presque entières, dans le silence; que nous serions-nous dit? Il semblait néanmoins que cette paix extérieure pénétrait notre cœur lui-même et dans une forme d'espérance, de l'infini de l'espace nous montions à l'Infini de Dieu.

Une semaine après nous quittions la Normandie pour retrouver en Franche-Comté, notre petite patrie, des amis dévoués auprès desquels nous devions suivre la marche des événements. Ainsi qu'on le sait, ces événements se succédèrent avec promptitude et si cette campagne éveilla les préoccupations de quelques-uns, l'intérêt général fut très vif (1).

Dès le début de la guerre nous apprîmes que mon frère aîné s'embarquait à Oran pour l'Italie. Aujourd'hui que le temps a réalisé le

(1) La France n'était pas prête pour une campagne. Cette guerre n'était pas politique, mais elle était populaire. « Le chauvinisme manquait. » Baron DE HUBNER. « A Lyon on est moins belliqueux qu'à Paris ». Général VANSON. Général DU BARAIL.

malheur qui devait le saisir et nous frapper, nous nous rendons compte que nous n'avons d'abord compris qu'une seule chose, la satisfaction de le savoir réuni à son père à qui ma mère écrivait aussitôt : « tu auras quelqu'un à toi. »

Jean Le Brieux à Mme Le Brieux.

Oroce, 5 mai 1859.

Bien chère Mère,

Mon régiment est désigné pour prendre part à la guerre. Nous en sommes fiers, non seulement en vue de l'avancement, mais par les sentiments divers qui nous animent. J'en suis heureux tout le premier et je ressens une joie très vive, celle de retrouver mon bien cher père.

Je réfléchis que le devoir est un composé, un ensemble sublime d'abnégation, de sacrifice. C'est donc très noble. A ce devoir je suis prêt, soyez certaine que je l'accomplirai tout entier, quel qu'il soit.

Malgré les marches rapides, mon père supportait bien la vie du camp; plein de sollicitude pour celles qui vivaient de sa pensée, il nous écrivait aussi souvent qu'il lui était possible et je m'empressais d'envoyer à Brest les lettres que nous recevions.

A M. Robert Le Brieux, au Borda.

9 mai 1859.

La santé de notre père ne semble pas souffrir et son moral est bon...

Voici ce qu'il écrit : « Nous sommes partis de Cassano pour venir camper à Galiana. Là, mon fils (1) est venu me voir et j'ai été bien heureux de l'embrasser. Il est resté avec moi une partie de la journée. C'est une nature loyale, brave, un cœur chaud, excellent. Nous sommes heureux dans nos enfants, et je sens que mon second fils ne me démentira pas; qu'il soit pour vous deux

(1) Le 72e faisait partie du 2e corps d'armée, commandé par le général Mac-Mahon.

affectueux et déférant, qu'il se souvienne du beau rang dans lequel il est entré au *Borda* et qu'il n'en descende pas. »

Certes, le futur aspirant de marine devait justifier cette confiance. On en peut juger par cette lettre, écrite presque en même temps que la précédente :

A M. Le Brieux,
armée d'Italie, 1er corps d'armée.

Brest, 10 mai 1859.

Mon père,

Permets-moi de t'adresser cette lettre qui te portera tout mon amour pour toi.

Mon ambition, — ma volonté plutôt, — est de me montrer digne de toi, mon cher père. Tu seras toujours content de nous, tes fils. Je sais que mon frère est en Italie, Dieu veuille qu'il aille te rejoindre pour que vous puissiez ensemble vous entretenir de nous, de la France.

Je te connais assez, pour savoir que tu ne te laisseras pas abattre.

Depuis que la guerre est déclarée à l'Autriche, il y a dans ma promotion une fermentation inouïe. Peut-être allons-nous avoir aussi la guerre avec l'Angleterre, ce qui serait une bonne affaire; pour nous marins, il y aurait du tirage, mais je crois que nous en sortirions vainqueurs. Tu me verras à l'œuvre.

Écris-moi, mon père. Dis-moi tes chagrins, ton espoir, — raconte-moi vos batailles, dépeins-moi vos projets, vos marches, vos succès.

Courage, espoir, force. La fin viendra bientôt, et la victoire aussi. Nous nous retrouverons tous les cinq et, racontant à ma mère, à ma sœur nos périls, nos souffrances, nous les verrons heureuses de notre retour, peut-être fières de notre gloire.

Après la lecture de ces lettres, nous avions quelques heures relativement heureuses, moi du moins. Je le répète, nous n'étions qu'au début de la campagne, et ma confiance en Dieu était absolue : j'attendais tout de Lui. Un mot fier et patriotique m'enlevait à des sommets d'espérance incroyable que la première rencontre sur le champ de bataille devait bientôt renverser.

Borda. — Brest, 15 mai 1859.

Mon cher père,

Ma sœur m'apprend que notre bien-aimé Jean est auprès de toi, elle me dit tout le bonheur que vous avez goûté en vous retrouvant.

Tu vois, mon excellent et cher père, que Dieu a écouté nos prières, puisqu'il a déjà soulagé ton cœur en te rendant un de tes fils, avec qui tu puisses parler des tiens et de ta patrie, quelqu'un qui te comprend et qui a les mêmes affections que toi.

Je souffre de mon inaction; j'appelle les années, le danger, afin que tu saches, mon père, que je marche sur tes traces.

Il paraît que l'Angleterre a envoyé son escadre dans la Méditerranée avec des plis cachetés. Pourquoi ?...

Attendons, et nous verrons peut-être des choses imprévues. Peut-être, moi aussi, j'irai me battre, on n'est jamais trop jeune pour cela. Demain j'aurai dix-huit ans. Du reste, c'est l'âme, le caractère, la résolution, et non l'âge qu'il faut considérer...

« Dans cet état d'esprit, fait de désintéressement et d'abnégation, il entre peut-être une certaine part d'illusions, mais combien généreuses ! » (1).

A M. Le Brieux, 1er corps, armée d'Italie.

Brest. — *Borda*, mai 1859.

Mon très cher père,

Bientôt je serai aspirant, libre par conséquent. Tu me donneras ces conseils que tu sais si bien donner, afin que le chemin de

(1) M. Charles Malo. *Journal des Débats*, 11 mai 1907.

la vie me soit moins difficile et me mène au vrai but, au bien.

Que ton expérience me serve. Rends-moi sage par ta sagesse. Ne crois plus parler à un bambin, ce petit Jean-Bart, comme vous m'appeliez, mais à ton fils de dix-huit ans, demain officier de marine. Traite-moi comme un homme, je te comprendrai. Aime-moi comme ton enfant, je te le rendrai. Oh! oui, père, de tout mon cœur. »

Cette nature qui s'annonçait très solide, ces sentiments vrais devaient contenter mon père si ferme lui-même, si affectueux. Communiquées à ma mère, ces lettres devenaient sa seule consolation, et je ne me lassais pas de les lui relire. Nous avions un besoin réel de ces éclaircies dans notre sombre horizon, car notre vie devenait de plus en plus triste : « Aimer c'est être inquiet, » dit saint Augustin.

« Il faut tout me dire — écrivait ma mère. — Le bien, le mal, vos peines, vos souffrances, vos espoirs. Pour nous, ménagez-vous tous deux, écrivez-moi, quand vous le pourrez, deux lignes, quelques mots, ton nom. »

Les jours passaient. Nous pensions moins à la victoire qu'au danger et l'anxiété croissait. Le théâtre de la guerre fixait seul notre attention. Par les journaux, les bulletins, la correspondance avec mon père et mon frère, nous pouvions les suivre, presque jour par jour. Par quelles alternatives nous passions!

Si nous demeurions en France, nos âmes étaient au loin, de Rivalta à Castel-Nuovo, au bord de la Servia ou près du Mincio.

Notre imagination se tourmentait d'un mirage incessant et cruel; lorsqu'il se livrait un combat, nous y assistions, tant cette idée du péril devenait intense. Après Montebello, ma mère écrivait à son fils : « Si tu es blessé, je veux, je dois le savoir. Je partirais. Je serais déjà partie si ton nom figurait sur la fatale liste. Mme de Ladmirault m'écrit que tu n'es pas atteint, peut-être m'épargne-t-elle... Oh! la paix, la paix! »

A nos craintes patriotiques s'ajoutait, cela se comprend, une douleur aiguë, personnelle, mais légitime. *Mon mari et mon fils*, répétait ma mère. Chaque jour, à tous les courriers, elle leur écrivait de longues lettres, dont les dernières révélaient d'extrêmes alarmes : « On dit vulgairement qu'il faut faire la part du feu. Hé! bien, je la fais : vous recevez tous les deux une blessure légère, je vais vous soigner, vous emporter et vous ramener ici. Ah ! je ne suis plus du tout Romaine, — à peine Française! — je ne désire que votre retour, pas même un retour glorieux. Qu'on me rende mon bien, voilà ce qu'est devenue ma fierté nationale. Que me fait la gloire?... Les victoires, — mais elles s'achètent, les victoires... »

Mon père la préoccupait bien plus que son fils dont la jeunesse lui semblait une sauvegarde. Mon Dieu, que nous étions loin du vrai!

Italie. — Journal de campagne de Jean Le Brieux.

Sur ce carnet — fané et précieux! (1) — tout était relaté au hasard des impressions, des jours et des heures. C'étaient des idées jeunes, gaies, des observations justes, voire même des réflexions philosophiques. Puis la vie sous la

(1) Unique souvenir du cher disparu et qui fut rapporté à ma mère quelques jours après Solférino, par un officier du 72e.

tente, les vivres des hommes, le souci de leur santé, de leur état moral. En marche « chantez quelque chose, ça ira bien après. » On y trouvait l'itinéraire communiqué, — départ (pour passer le Tessin) à une heure du matin; arrivée par un temps splendide, délicieux de fraîcheur, — ils ont de l'entrain, mes petits soldats, crânes, alertes, bouillant de se battre. Tout cela, sans une plainte personnelle, au contraire, un ton vif, de belle humeur, d'endurance, l'ultime satisfaction d'agir bien, de faire « de son pauvre petit mieux » ainsi que l'écrit Ruskin.

Si Jean Le Brieux n'était pas du nombre « des exaltés et des extrêmes, il fut au niveau des plus consciencieux » et sut, l'heure venue, conserver un calme, une belle attitude, « la fierté sans bravade du soldat » et connut aussi ce que l'écrivain moderne (1) appelle le sens de l'honneur national et le souci du patrimoine moral de la France. Il vaudra son père, disait le général de Lucy. Il le dépassera, écrivait de Nîmes M. Nègre-Bergeron.

(1) M. d'Haussonville.

A Madame Le Brieux.

Montebello, 24 mai 1859.

Ma chère femme et toi aussi, ma fille,

Mon officier de service est venu hier me réveiller avant le jour, me disant que le maréchal Baraguay d'Hilliers voulait me parler. Je descendis à demi vêtu.

« Vous et vos hommes, — me dit-il, — devez prendre position dans le château de Genestello, vous y établir militairement et en organiser la défense.

« Je vous préviens que vous serez probablement attaqué dans la journée par des forces de beaucoup supérieures aux vôtres. Vous tiendrez jusqu'au bout. Avez-vous bien compris? — jusqu'au bout. — Ah! parfaitement, monsieur le maréchal. »

« Je partis aussitôt. Arrivé au château, je fis la reconnaissance de l'intérieur, de l'extérieur et ce fut avec un vif sentiment d'orgueil que je reconnus qu'on pouvait y tenir longtemps. La position militaire était magnifique, j'entrevoyais déjà un peu de gloire pour mes enfants.

A peine avais-je terminé l'occupation, que je reçus l'ordre de quitter le château et de me rendre à Montebello. Voilà comment le destin me conduit... et m'éconduit.

Après un séjour à Montebello, mon père arriva le soir du 29 mai à Bussignano ; le lendemain, il se rendait à Valenza, puis à Casale, à Vercelli, non loin du Robbio. Il y eut quelques engagements auxquels il prit part, sans en être victime. Un mot de lui nous apprenait ses mouvements, nous informait de la direction que suivait mon frère, et chacune de ses lettres se terminait par ces paroles : « être courageuses et confiantes en Dieu ».

De son côté, le général Mac-Mahon, ayant jeté des ponts sur le Tessin, le passait pour se porter à Turbigo. Il s'approchait de Milan, mais avant d'y arriver, les armées ennemies devaient se rencontrer à Magenta.

4 juin, bataille de Magenta. La gloire de cette journée fut payée par bien des vies. Il faut avoir subi « la loi d'airain » pour se rendre compte de ce que nous avons éprouvé aussitôt après cette journée où mon frère combattit. Pendant quarante-huit heures nous traversâmes toutes les phases de l'angoisse. Enfin cette torture cessa. Sachant sain et sauf celui pour qui nous avions tremblé, nous retrouvons des forces pour rendre grâces à Dieu, mais si notre bien-aimé Jean sortit vivant de cette lutte, il en conserva une étrange amertume.

Jean Le Brieux à Mme Le Brieux.

6 juin 1859.

Je suis épargné et ne m'en réjouis que pour toi. Qu'ai-je donc fait au ciel pour être jeté dans une carrière où l'on tue ses semblables. Donner la mort à des frères, à des êtres qu'on voudrait aimer, crois-moi, c'est hors nature.

Non qu'il sentît s'ébranler son courage, mais il ne connut pas l'enivrement qui transporte et enlève le soldat. Son mérite et sa valeur se révèlent par une conception plus austère du devoir. On croit généralement, disait le général Bugeaud du lieutenant-colonel de Maussion, que la bravoure est une chose commune et brutale. On se trompe fort; elle est rare et raisonnée, il n'y a rien de plus brave qu'un honnête homme. « Il eut cet orgueil superbe qui domine la peur, parce que celle-ci est une honte et que, être brave, c'est un honneur » (1).

Tels furent le père et ses fils, inégalement épris de gloire, mais également épris d'honneur, ils remplirent leur devoir, le remplirent tout entier, simplement, dignement.

En somme, quelle est la source du courage, qu'est-ce qui l'inspire? Est-ce la générosité qui porte l'homme au suprême sacrifice, le don de sa vie? Est-ce l'ambition, l'enthousiasme, la vaine recherche de la gloire? Mais le courage civique est, dit-on, supérieur à l'autre. Est-ce la conscience qui tend à se grandir dans la plus

(1) Sir Edward Bullver Lytton, ambassadeur.

belle acception du mot? Veut-on savoir ce qu'on vaut, devant soi d'abord et devant autrui? Regarder en face le péril, mesurer sa capacité, sa résistance morale, son endurance? Quelle énigme, quel ensemble d'impressions qu'on ne s'explique pas, puissantes, fugitives, mais déterminantes! Est-ce une question d'élan? Cependant nous voyons des hommes faits, ayant ces ardeurs, les ayant réelles, très chaudes, très efficaces.

Journal de mon père : Nous partons de San Pietro le 8 juin à 5 heures du matin. Arrivée à Milan à 9 heures. Réception frénétique de la part des habitants et surtout des habitantes. Sapristi, quelles belles têtes! les beaux traits! On pressent le feu de leur âme à l'éclat superbe de leur regard. Quelques-unes d'entre elles se font un passage dans les rangs, — les plus osées embrassent les officiers, qui ne se dérobent pas. Nous avançons lentement, notre chemin est couvert de fleurs, mon cheval a une couronne de roses sur la tête, mon épée s'en trouve aussi enlacée;

que n'étaient-ce des feuilles de laurier (1)!

Après avoir traversé la ville, nous devions faire une halte et ensuite camper au delà de Milan. Il n'en fut pas ainsi. L'embarras causé par les troupes qui encombrent la ville nous oblige à nous arrêter une heure et demie dans une grande rue. Nous profitâmes de ce moment pour faire commander notre déjeuner dans un bon hôtel, où nous devions venir après avoir établi nos troupes au bivouac. Il en fut autrement.

En sortant de la ville, un officier d'état-

(1) « La haie de la garde — écrivait un officier d'état-major — était couverte de fleurs. Il est impossible de voir une ovation plus complète. Toutes les femmes criaient : *Viva la Francia, viva l'armata valorosa!* On n'a pas l'idée des applaudissements frénétiques et surtout de l'expression de jubilation des gens qui nous regardent passer. Mais il faut se rappeler que l'Italien a la réputation d'être aussi expansif que variable dans ses démonstrations. Général VANSON. En effet, lorsque Napoléon III et Victor Emmanuel entrèrent à Milan aussitôt après la signature de la paix, le roi seul fut acclamé. A Turin, l'accueil fut plus froid encore peut-être. La population était mécontente de l'interruption d'une guerre aussi bien commencée. Général DELLAROCCA.

major vint me dire : Nous allons marcher à l'ennemi qui est à trois lieues d'ici. Les hommes n'avaient rien pris encore et nous fûmes médiocrement satisfaits de cette nouvelle.

Nous partons en maugréant intérieurement. Après une marche de deux heures, on fit reposer les hommes et nous nous remîmes en route, sous le commandement du maréchal Baraguay d'Hilliers. Nous arrivâmes vers cinq heures au village de Melegnano occupé par environ 5,000 Autrichiens ayant derrière eux une réserve de 10,000 hommes.

Nous n'avions ni déjeuné, ni dîné. Il faisait un temps affreux, la pluie tombait à torrents, le tonnerre grondait. Cette scène avait quelque chose de lugubre.

L'attaque commença à cinq heures par nos tirailleurs, le canon se mit bientôt de la partie et le combat s'engagea tout autour du village qu'il fallut prendre. Je dus mettre pied à terre, le terrain étant coupé de rizières et de fossés profonds.

Les Autrichiens firent balayer la plaine par la mitraille. Le sifflement des projectiles était incessant. En traversant un grand champ, le général *** me montra du doigt une ferme-redoute qui faisait tirer sur nous un terrible feu de mousqueterie. Je partis.

II

A Mme Le Brieux.

12 juin, Melegnano.

Ma bien chère femme, et toi ma fille,

Je ne veux pas vous laisser plus longtemps sans nouvelles de l'exilé.

J'ai bien hâte que cette guerre se termine.

Il me semble que je n'aurai de bonheur qu'auprès de vous. Ne craignez pas que ces pensées de regret et d'espoir m'amollissent. J'ai confiance en Dieu qui vient de manifester visiblement sa protection, car, cette fois encore, j'ai été divinement préservé.

Une rivière et un vaste champ sillonné par les balles nous séparaient d'une ferme-redoute (Capuccino) qu'il fallait prendre et cette ferme surmontait un roc. Nous étions mitraillés. Je me jetai à l'eau le premier. Les autres me suivirent, mon cher et brave Lockner à mes côtés.

Ensuite nous traversâmes lestement le champ. Littéralement, nous courions sous les balles. Au pied du mamelon j'enlevai mes hommes : « Mes enfants, en avant! » (Son zèle l'emportait.)

Ils volèrent avec un ensemble admirable, j'ouvris un feu très vif sur l'intérieur de la redoute, où se trouvaient encore

200 Autrichiens commandés par plusieurs officiers.

Le combat fut rude. Dès que les Autrichiens nous virent couronner la hauteur et pénétrer dans leur redoute, ils jetèrent les armes et se rendirent.

J'eus toutes les peines du monde à faire cesser le feu et une balle vint frapper le commandant autrichien.

Lorsque j'arrivai dans l'intérieur de la ferme, j'eus un affreux spectacle. Le sol était couvert de morts et de blessés, horriblement mutilés par nos grosses balles.

Mon premier soin fut d'établir une ambulance. La vue de tous ces malheureux me faisait mal. Parlant imparfaitement leur langue, je pus cependant leur faire comprendre ce que je voudrais entendre, si j'étais ainsi frappé loin de ma patrie.

Les quatre offfciers me rendirent leur épée. Je leur serrai la main, — un prisonnier n'étant plus un ennemi, mais un infortuné; — c'est triste, c'est dur, de recevoir l'épée d'un officier.

Lorsque toutes mes dispositions furent prises, mes prisonniers installés dans une grande chambre, et bien gardés, je fis allumer du feu pour nous sécher, apporter du pain et du vin, — car nous n'avions encore rien pris, — nos habits souillés de boue, déchirés, nous donnaient quelque ressemblance avec des brigands.

Après avoir accompli ce coup de main, — selon la modeste expression de mon père, — le surlendemain il nous écrivait : « L'Empereur vient de me nommer officier de la Légion d'honneur. »

Puis ses lettres devinrent rares et courtes, tracées soit pendant une halte, soit sur le pommeau de sa selle : des marches plus rapides, des ordres immédiats, un qui-vive permanent, en un mot toutes les péripéties de la guerre, demain ses dernières horreurs.

M. Lucien de F..., aide de camp,
à M. Robert Le Brieux, au Borda.

17 juin 1859.

Cher amiral,

Je viens te parler de ton père. Son intrépidité, sa vaillance ne sont dépassées que par sa *modestie*. Ne souris pas de ce mot, ne t'étonne pas : c'est une vertu rare dans la vie — au camp comme ailleurs.

T'a-t-il écrit? Sais-tu, par ta mère ou ta sœur, sa belle action?... Si tu l'ignores encore, il faut que tu saches ce que j'ai vu, c'est un exemple.

« Ici, on ne s'abuse pas sur les gens, on jauge les hommes. J'en ai vu de très capables; je réponds que parmi ceux-là, ton père est l'un des plus forts.

« Le général de Ladmirault le fit appeler. Celui-ci, le voyant venir, alla au-devant de lui en disant : « Vous n'avez pas

« à me remercier d'avoir signalé votre
« conduite à l'Empereur. C'est à votre bravoure, à l'autorité de votre commandement que vous devez cette distinction.

« Je n'ai pas quitté le champ de bataille.
« Je vous ai vu.

« Vous irez loin, mon vaillant ami. »

« Il a ouvert ses bras; ton père s'y est abandonné... Tu dois comprendre ce qu'il éprouvait. C'était la veillée des armes. Nous étions silencieux comme on l'est au moment des événements définitifs. Mais, bah! il faut savoir mourir.

« Le soir, dîner sous la tente, je rentre en possession de ma gaîté, de mon entrain. Les autres aussi. Au dîner, on fit sauter le champagne, on porta des toasts... Ton père était en verve. »

Cette lettre, nous l'avons lue après la bataille de Solférino... Les jours passaient, interminables; nous demeurions ainsi, inactives, dans l'obsession d'une seule pensée, livrées à nos terreurs sans vouloir nous les communiquer. Voyez-nous donc dans ces heures d'effroi où l'on n'ose ni se parler, ni se regarder dans la crainte d'ajouter au trouble existant. Et ce n'était pas encore la désolation « au delà des forces » dont parle saint Paul.

A Mme Le Brieux.

23 juin 1859.

Ma chère femme,

. . . .

. . . En allant à ce village avec Lockner j'ai rencontré le corps Mac-Mahon. J'ai donc revu mon fils. Nous avons passé ensemble une partie de la journée, et, le soir, il est venu dîner avec moi. Avant de nous séparer, nous nous sommes tendrement embrassés dans la prévision d'une bataille prochaine.

J'ai profité de cette circonstance pour causer avec son colonel qui m'en a fait grand éloge.

Il n'y a plus que quelques sous-lieutenants

avant lui. Dans peu de temps, il sera lieutenant et, si la campagne dure, il ne serait pas impossible qu'il fût nommé capitaine avant sa rentrée en France. Comme il n'a pas encore vingt-deux ans, il aura peu attendu ce grade (1).

(1) Quoique animés de la même sève, les deux frères, ainsi qu'on l'a vu, étaient de natures et de caractères différents. Bien jeune, l'aîné avait quitté la maison et en très bon rang entrait à Saint-Cyr, d'où il sortit à peine âgé de dix-neuf ans. Malgré ses instances et celles de ma mère, son père choisit pour lui un régiment d'Afrique, jugeant que la vie, y étant plus active, y serait intéressante et l'avancement rapide. Il s'éloigna donc à cette période unique dans la vie où les enseignements d'exemple, reçus au foyer paternel, laissent une forte et durable empreinte.

« C'était un doux rêveur triste » ; dans ses lettres on sentait qu'il avait souffert de l'exil et connu le poids des heures lourdes. Peut-être, au lieu de le dominer, s'abandonnait-il au regret d'une carrière non librement choisie; néanmoins, ayant le cœur bien placé, un sentiment fier et complexe le saisit en se voyant désigné pour combattre. Mesurant le devoir à l'idée qu'il en gardait dans son âme, il écrivait avec simplicité :

« Je suis prêt au devoir, quel qu'il soit. »

Par ces quelques lignes, on comprendra qu'une fin aussi cruelle que la sienne devait ouvrir et creuser au cœur de sa mère une inguérissable plaie. Et, comme on ne trouve jamais le fond du calice, quelque chose

Bien que cette campagne se fasse avec une activité incroyable, je m'ennuie de n'être pas avec ceux que j'aime.

J'envoie à ma fille un bleuet que j'ai cueilli auprès de ma tente, comme une caresse de celui qui soupire après le retour.

La même enveloppe renfermait une lettre de Jean, la dernière que nous ayons reçue de lui.

Toi, mère, ma chère Providence sur terre, je t'embrasse de toute mon âme, te suppliant, te conjurant de ne pas te tourmenter pour nous. Les balles nous épargneront et Dieu nous réunira bientôt.

Ce qui ne fut jamais.

d'innommable se joignit à sa douleur pour en aggraver le tourment et le perpétuer. C'est nous, disait-elle ensuite, nous, son père et sa mère, qui l'avons voué au malheur! Ah! quelle leçon pour les parents, et pour nous, que de remords!

III

Le 26 juin 1859, dès l'aurore, une grande victoire, celle de Solférino, fut proclamée dans la ville.

Cette nouvelle nous fit tressaillir... Toute la journée se passa dans cette anxiété de ne rien savoir et d'avoir tout à redouter. Mais quelle nuit plus longue et cruelle, écoulée tout entière dans les visions de la mort, impression impossible à rendre, que le silence et l'obscurité accroissaient encore. (1)

(1) Dans la nuit du 24 au 25, mon père écrivit pour ma mère ces dernières lignes au crayon : « J'allais sur une hauteur d'où l'on étudiait, avec la longue-vue, les mouvements de l'ennemi ; — nous étions plusieurs à tout examiner. Il est dix heures, la nuit est pure. Toute l'armée est campée sur le versant de la montagne ; c'est un spectacle qui nous émeut tous. Les feux de bivouac sont allumés. Adieu, vous...

Voici l'ordre que nous recevons : Diane à 2 heures, repas à 2 heures et demie, départ à 3 heures. Où allons-nous?... Le pressentiment d'une grande bataille

Nous restions accoudées au balcon... écoutant sonner les heures...

Nous attendions... quoi? la lumière, le réveil humain? En se levant, le soleil sembla nous ranimer, et dans le lointain que nous creusions d'un ardent regard, un point indéfini se mouvait. C'était un employé des postes envoyé bien avant la distribution : « Mesdames, mesdames, une lettre d'Italie ! »

La voilà, cette lettre. Nous la serrions dans nos mains sans pouvoir la décacheter, tant nos doigts tremblaient. *Avant* ou *après? Du père* ou *du fils?* Nous avions peur, une mortelle peur. L'écriture n'était ni celle de mon père, ni celle de mon frère.

De l'ambulance de Castiglione,
26 juin 1859.

Je vous ai promis de ne rien vous cacher. La victoire d'hier, si glorieuse pour l'armée

m'étreint, mais me transporte. » En effet le combat de Solférino s'est livré sur un très grand front. C'est certainement le plus grand champ de bataille du siècle (cinq lieues d'étendue), celles du premier empire comprises. Général VANSON. Henri DUMONT, *Un souvenir de Solférino.*

française, a dû être proclamée dans tout l'Empire. Je ne vous en parlerai donc pas.

Un infirmier vous écrit sous ma dictée, car je n'ai plus mon bras droit.

J'ai combattu hier depuis six heures du matin jusqu'à onze. Je descendis de cheval à huit heures, et trois heures après je tombai l'épaule brisée.

On m'a porté dans une chapelle près de Castiglione, un chirurgien a sondé ma plaie et je fus conduit à l'ambulance où le docteur Larrey (m'a-t-on dit), chirurgien de l'Empereur, vient de me désarticuler le bras (1).

Ayant été chloroformé je n'ai pas souffert. Je vous demande en grâce de ne pas trop

(1) Après l'opération, on ne trouva ni linge pour pansement, ni couvertures. Un franciscain étendit sur le blessé une chasuble apportée de son couvent; sur une table, fut placé un crucifix entre deux cierges allumés; c'était lugubre et significatif : un religieux priait à demi-voix. Se réveillant de son sommeil factice, mon père s'exprima ainsi : « Je ne veux pas mourir... Enlevez les cierges, mais laissez la croix. » Ces paroles furent répétées à ma mère par le prieur des franciscains.

vous tourmenter, de vous résigner en pensant que j'ai échappé à la mort.

Ne soyez pas ingrates envers Dieu qui me permet de vivre encore avec vous. Remerciez-le de sa protection pour nous deux, car je viens d'apprendre que mon brave et cher enfant est légèrement blessé au poignet droit, après avoir combattu toute la journée.

N'ayez donc pas trop de chagrin. Nous serons bientôt réunis, car la paix va se signer, une belle paix. O ma France, combien je t'aime davantage depuis que j'ai versé mon sang pour toi!

Je ne souffre pas beaucoup, mais je suis un peu fatigué et je vais fumer une pipe.

Chacun des mots de cette lettre entrait en nous comme un glaive. Mon père, mon frère...

Ma mère se montra ferme devant le malheur, mais ce qu'elle souffrit est inexprimable. On nous entoura beaucoup. « Songez, madame, lui dit le commandant J. T...; songez que vous êtes la femme d'un héros. » Et pendant un instant ses yeux brûlés de larmes reprirent leur vive expression. « Oui, oui, je suis la femme d'un héros. » Mais ce rayon s'obscurcissait bientôt sous la torture renouvelée, et ma mère perdait sa fierté pour ne songer qu'à sa douleur. Néanmoins elle pensait à tout : Il faut prévenir ton frère dont l'inquiétude doit être extrême.

Dépêche au *Borda*, 27 juin.

Ceux que nous aimons ne sont pas restés sur le champ de bataille, mais tous deux à l'ambulance : mon père à celle de Castiglione; Jean, je ne sais encore.

Lorsque Robert reçut la lettre de son père que nous lui envoyâmes aussitôt, il comprit ce caractère exceptionnellement fort, cette exquise bonté; pas un mot de regret pour ce membre qui lui est enlevé, ni de son avenir brisé. Nul retour personnel, et sa tendresse pour les siens s'accroît de la compassion qu'il leur inspire (1).

(1) « Je venais, — dit-il quelques semaines après, — je venais de mettre pied à terre, mon cheval reculant

A Mme Le Brieux.

Brescia, le 27 juin 1859.

Mes chères affections,

Hier matin, le lendemain du soir où a eu lieu la désarticulation de mon bras, je me

devant les cadavres et les blessés. Il était huit heures. A onze heures, après une très forte secousse, comme un terrible coup dans le dos, je perdis l'équilibre ainsi que toute notion. Deux zouaves me relevèrent, me portèrent à Castiglione. J'avais retrouvé le sentiment, qui fut d'abord celui d'une excessive souffrance et du froid. Au début du trajet, mes deux hommes découvrirent une échelle hors d'usage sur laquelle, avec précaution, ils m'étendirent; dès les premiers pas, les échelons cédèrent et je restai suspendu par les bras dont l'un n'adhérait à ma personne que par quelques lambeaux de chair. Néanmoins je pus me tenir debout. O bonheur! une charrette passait, emportant quelques blessés. On me hissa comme on put et je me sentis aidé par un jeune homme vêtu de blanc qui, — dans notre langue maternelle, si pleine de pitié à cette heure de délaissement, — m'adressa les seules paroles de compassion que j'aie entendues ce jour-là. Ce jeune homme était, je l'appris ensuite, M. Henri Dunant ».

Né à Genève en 1828, M. Dunant voyageait comme touriste en Italie. Il se fit conduire sur le théâtre de la guerre. Ayant vu toutes ses horreurs, il écrivit, sous le titre de *Souvenirs de Solférino*, des pages de sincérité suis trouvé si mal couché, tellement éprouvé par l'odeur du sang et les plaintes des blessés, que je me suis fait transporter à Brescia, dans le palais Rossi, où je trouve tous les soins que vous pouvez désirer pour moi. J'ai un peu dormi cette nuit. Soyez tranquilles pour moi. Mon fils est blessé très légèrement.

A Mme Le Brieux

Brescia, 29 juin 1859.

Mes chères aimées,

Je puis vous affirmer que je suis un des hommes les plus heureux (1). J'ai même au

et de juste révolte. Après l'idée, l'action : cet homme de cœur devint l'initiateur de la Croix rouge, le promoteur de la Convention internationale de Genève pour les secours aux blessés. Mais cela n'alla pas tout seul, — de quoi se mêlent ces civils, — murmura le maréchal Randon, alors ministre de la guerre; il fallut trois années, une rare persistance pour arriver à une solution : chacun sait qu'on ne jette des pierres qu'à l'arbre portant des fruits.

(1) Malgré cette récente et cruelle traverse, mon père

fond de l'âme un profond sentiment de joie et de reconnaissance envers Dieu. On me dit que dans un mois peut-être je pourrai retourner en France! Vous devez comprendre combien je suis joyeux. Pour comble de bonheur, on me soigne comme *une Madone*. Je me remettrai donc plus vite.

Si Dieu le veut, j'irai bientôt vous embrasser et réclamer les soins que votre tendresse voudra prodiguer à votre vieil invalide.

Ma plaie est couverte de glace à cause de l'extrême chaleur, et je ne prends que des sorbets. Je n'ai pas de fièvre, ce qui est surprenant. Les contusions des jambes produites par les éclats d'obus sont moins sensibles.

ressentit l'âpre joie du devoir accompli. Très constant à soi-même, il s'appliquait à la difficile acceptation d'un fait absolu et sentait la paix descendre sur lui. Ce n'était pas encore un résigné, mais un philosophe qui, par sa fermeté, restait indifférent à ce qui trouble l'âme, l'agite ou l'aigrit. N'était-ce pas, selon lui, un bonheur, un de ces bonheurs qui ne déçoivent pas?

Dans une quinzaine de jours j'espère me faire transporter à Milan.

Un jeune franciscain du couvent de Saint-Joseph, le frère Emilio ne me quitte pas. Il a pour moi des attentions filiales.

C'est lui qui vous écrit sous ma dictée. Il m'a procuré des nouvelles de mon cher enfant et de mon ami de Lockner, blessés peu grièvement (1).

Merci de vos tendres lettres, certes on n'est pas à plaindre quand on se sent aimé ainsi, cela me fait du bien et, en attendant que vous me guérissiez là-bas, vous me rendez bien heureux dans mon exil.

Si mon père écrivait aussi fréquemment, on doit pressentir ce que devaient être les lettres de ma mère ! Je ne puis les communiquer, car elles sont à celui qui seul les inspirait, mais le cri maternel s'y faisait entendre déchirant, pro-

(1) Sans être mortellement atteint, M. de Lockner fut sérieusement blessé ; après la campagne le grade d'officier supérieur témoigna de sa conduite.

fond : « Mon fils, où est-il?... » puis le lendemain : « L'as-tu vu, où est-il blessé?... Mon Dieu! quelle épouvante me saisit! On ne trouve son nom sur aucune liste d'ambulance, pourquoi? Je vais écrire à Paris, à Gênes, où M. de Cambis est intendant de l'armée. Il nous connaît assez pour m'envoyer une dépêche... Que pouvons-nous, pauvres femmes? Rien... rien... »

M. Robert Le Brieux à Mme Le Brieux

Brest, 30 juin 1859.

Ma mère, ma sœur,

Je suis si seul, si affligé que je demande au moins quelques lignes chaque jour.

Je suis dans mes examens jusqu'au cou. Je travaille beaucoup, mais mal, car la bataille de Solférino est toujours présente à mon esprit. Je n'ai plus d'autre pensée.

Je suis las de cette vie solitaire. Si ce chagrin est le premier que je connaisse, oh! qu'il est lourd!

Robert Le Brieux à M. Le Brieux à Brescia.

Brest, école du *Borda*, 2 juillet 1859.

J'ai beaucoup souffert pour toi, mon admirable père, j'ai pleuré ton bras perdu, ce bras qui nous portait tous les trois quand nous étions petits et que plus tard tu mettais à mon cou pendant nos promenades. Ce pauvre bras, il me manque, mais je le remplacerai pour toi.

Pendant mes congés, je serai toujours à tes côtés pour t'aider, en voyage pour te soutenir, te porter s'il le faut : à table pour te servir. Pendant ta convalescence, mon père, je te promènerai dans le parc, au potager je cueillerai pour toi les plus beaux fruits. S'il fait froid, je te conduirai dans les serres. Mais avant de te revoir, je sens tout mon chagrin, et m'en laisse accabler. O toi, père, ne m'accuse pas de manquer d'énergie. Tes enfants ne déchoiront pas, je te le promets. En le prouvant, Jean m'a ouvert la voie, tes deux fils te ressembleront, mon père.

J'attends toujours de tes nouvelles — des siennes — fais-m'en donner je t'en prie. Mon père et mon frère blessés me tiennent seuls au cœur, le reste n'est rien.

Ces alarmes, nous les éprouvions doublement, ma mère et moi. Pourquoi ne recevions-nous pas de lettre de notre pauvre Jean, lui, si soucieux de notre tranquillité? Chaque jour accroissait notre anxiété.

De mon Père à ma Mère.

Envoyez-moi souvent des lettres, des dépêches. Ne pouvant vous voir, j'ai besoin de vivre avec vous par la pensée et le souvenir.

Ces derniers mots répondaient au vif désir de ma mère, qui voulait aller en Italie, à Brescia d'abord, puis trouver mon frère, le ramener et le soigner en même temps que mon père.

Votre infirmière sera moi, répondait aussitôt ma mère; qui saura vous consoler comme moi, toi mon ami, et toi mon fils? Car j'irai le chercher, mon fils, je le trouverai. Quelle est donc sa blessure? dans quelle ambulance l'a-t-on conduit?... Je ne reçois rien delui ni sur lui. J'ai peur, pardonne ce mot et comprends-le, c'est mon enfant.

Le 3 juillet, ma mère écrivait encore :

J'envoie lettres et dépêches à Milan, partout où il y a des hôpitaux, partout où il y a des blessés. Il *faut* que je sache où est mon fils. Je viens d'écrire au ministre de la guerre. Je veux lui parler de Jean. Aussitôt que j'aurai sa réponse, je partirai pour Paris et de là pour l'Italie.

Non seulement ma mère ne put se rendre à Paris, mais son départ pour Brescia fut retardé.

Tous les moyens de transport étaient réservés au service des armées; l'intervention de l'Impératrice put seule lui ouvrir la route. La touchánte prévoyance de Sa Majesté avait même préparé l'appui moral que ma mère devait trouver à chaque station.

Le 5 juillet, à 11 heures du matin, ma mère me quitta, calme comme on l'est au lendemain des résolutions prises.

IV

6 juillet.

Le jour finissait. On m'apporta une lettre timbrée de Brescia, d'une écriture inconnue, signée d'un nom également inconnu. Dans une de ces émotions où les faits les plus contradictoires deviennent admissibles, je lus cette lettre qui me transporta de bonheur.

Jean vivait! On l'avait vu.

Je télégraphiai à toutes les gares du Sud et de l'Italie où devait s'arrêter ma mère : *Jean vit. Va être dirigé sur Brescia.* Je préviens Robert, seul là-bas et tourmenté comme moi : *Jean vit.*

Il n'y avait pour nous d'autres mots à entendre et à dire.

Deux jours après, je reçus la réponse de Robert :

Quelle bonne, adorable pensée tu as eue, ma sœur, de m'envoyer d'abord une dépêche, puis cette bienheureuse lettre!

C'est une résurrection. Mon bonheur est d'autant plus grand que j'avais perdu tout espoir. Que Dieu soit loué! Je l'ai remercié avec une ferveur que tu comprendras.

Je ne vous avais pas tout dit afin de vous leurrer encore, si c'était possible. Je te confesse aujourd'hui que je ne travaillais plus. Je ne pouvais pas, pensant toujours aux miens, à leurs souffrances; je ne pleurais pas, explique-moi comment aujourd'hui, dans ce grand bonheur retrouvé, j'inonde mon papier de mes larmes. Malgré cela, tu liras bien, n'est-ce pas?

Je t'embrasse dans les transports d'un cœur tout joyeux.

Depuis le commencement de la campagne, mon frère traversait une phase d'excitation extrême. L'exaltation du patriotisme, l'épreuve filiale et fraternelle qu'il venait de subir, sa solitude, le surmenage des examens, c'était trop pour son âge. La nature, qui revendique toujours ses droits, le rendait aujourd'hui à ses forces ordinaires. Cet état me préoccupait et je le calmai en lui écrivant chaque jour. N'avais-je pas à le tenir au courant de ce qui se passait loin de nous?

A M. Robert Le Brieux, au Borda.

9 juillet 1859.

Mon ami,

Le voyage de notre mère s'est achevé non sans traverses, mais son énergie et son calme les ont aplanies. Voici ses propres expressions : « La pensée de revoir mon cher et bien-aimé Jean en même temps que ton père m'a donné une force qui peut-être m'eût manqué sans cela. Était-il sur la liste des blessés, l'a-t-on cru disparu? comment expliquer? Enfin, remercions Dieu de la consolation qu'il nous accorde dans notre malheur; n'est-ce pas trop déjà que de voir votre père atteint aussi cruellement? »

Je vais maintenant te résumer la substance de cette longue lettre. Arrivée à Milan vers minuit, s'orientant avec peine dans cette ville inconnue, sans guide, sans voiture, se trompant, ma mère erra ainsi, et atteignit seulement à l'aube l'hospitalière demeure C... derrière le Dôme. Elle prit seulement le temps de s'y reposer, et malgré sa lassitude, ces excellents amis n'osèrent insister pour la garder jusqu'au lendemain.

Enfin elle put se faire conduire à Brescia et ne trouva qu'une mauvaise voiture, des chevaux fourbus. Que lui importe, n'est-elle pas indifférente à ce qui la concerne seule?

Sur la route, des arrêts fréquents et longs : un régiment en marche, ou un convoi de blessés. Arrivée à Brescia, elle descendit aux premières maisons. Là, des ambulances à toutes les places, sous les voûtes, partout la douleur, des plaintes, des appels, des cris ; dans l'ombre des portes, des blessés, des mourants. Saisie d'une compassion profonde, notre mère passait, disait un mot de consolation aux uns, pour les autres une prière. Ils étaient nombreux, la plupart jeunes. « Si je n'avais pas su, — m'écrit-elle, votre frère sauvé et à l'abri, je l'aurais cherché là. Mais je souffrais pour les mères, les femmes, les sœurs de ceux qui languissaient ainsi ou mouraient isolés. L'air était lourd, le soleil d'orage doublait la fièvre, hâtait le trépas. Oh! la guerre, mes enfants, c'est épouvantable! » Le dieu Mars me fait horreur, pouvait-elle répéter.

Vers midi, ma mère atteignit le palais Rossi. A cette heure de sieste, la maison était close ; il lui semblait que les pierres la repoussaient, car on tardait à lui ouvrir. Enfin introduite, elle fait prévenir mon père et attend... A la porte de sa chambre, une pancarte était suspendue, quelques lignes en italien y étaient écrites. Son attention ne s'y fixe pas. « Je ne pensais, écrit-elle, qu'à votre père, séparé de moi seulement par une cloison. Lorsque j'entrai, il dit ou plutôt il murmura : « Ma femme. » Je ne saisis qu'un son faible. Était-ce bien lui ? Défiguré, amoindri... Combien il était changé et qu'il a dû souffrir sans nous le dire ! Je compris seulement alors la délicatesse de son cœur où il trouvait l'énergie de ne pas ajouter ce qu'il supportait à ce que nous éprouvions.

Ma fille, je n'ai plus de forces, je sens à présent la fatigue du voyage. Demain, je te parlerai de ton frère que je fais chercher et prévenir ; il doit être dans une ambulance des environs ,mais je le veux ici. »

J'étais néanmoins dans une sorte d'apaisement réparateur. Malgré la tristesse que ma mère avait ressentie en voyant mon père, j'étais tranquille de les savoir ensemble. Je goûtais une émotion toute nouvelle comme si je remontais les pentes d'un obscur abîme pour contempler la lumière. Je ne m'étais pas demandé tout d'abord comment et par qui m'était parvenue cette parole si heureuse d'une simple blessure. J'avais cru, cru aveuglément parce que tel était mon plus cher désir. Espoir, chimère, mirage, rêve d'une pensée qui s'égare! J'admettais tout, jusqu'à la plus improbable des choses... Le désarroi d'un lendemain de bataille, une ressemblance, un renseignement vague, inexact, que sais-je? Voilà l'origine de ce qui nous avait rendus si heureux, — et devait nous rendre plus malheureux aujourd'hui. Pour nous, cette paix dura quelques jours seulement. De ma fausse quiétude, je retombai dans le gouffre. C'était trop beau pour être vrai, et notre cœur, broyé et ravivé, puis meurtri de nouveau d'une immense douleur, se contracta sous la main du destin qui se jouait de notre paix, de nos angoisses.

Le Frère Émilio à Mlle Le Brieux.

Couvent de Saint-Joseph,
des Franciscains de Brescia,
11 juillet 1859.

Signorina,

Mon ministère est quelquefois cruel. Je crois vous apprendre que mon devoir m'oblige à vous dire ce qui concerne messieurs vos parents.

Lorsque Madame votre mère entra auprès de Monsieur son mari, son émotion fut fort grande.

Je ne sais pas ce que Madame dit à Monsieur son mari, car ils parlaient fort bas et je m'étais mis à l'écart d'eux.

Après, Madame me demanda pour écrire à Messieurs ses enfants.

Je donne à Madame le carton où Monsieur son mari fermait ses lettres et ses papiers secrets.

Madame lut ces lettres. Je la vis en tenir une plus que les autres, la retourner, la laisser, la relire et après se mettre debout en jetant les mains sur sa figure.

Je vois que Madame a trouvé la lettre de Monsieur le colonel de Monsieur son fils, trépassé le jour de la glorieuse bataille de Solférino.

Madame ne savait pas. Sur la porte de Monsieur son mari on avait écrit : *Défense de parler à Monsieur de Monsieur son fils.*

Je vous exprime, signorina, d'interroger votre devoir sur ce qui est propre à dire à Madame de ma misérable communiquée. Ci-joint la copie de lettre que Madame vient de lire.

Mon cher ami,

C'est avec une profonde douleur que je vous annonce que votre fils, après s'être bravement battu pendant la journée du 24, est tombé le soir, frappé mortellement de deux balles, l'une au front, l'autre au cœur.

Après avoir combattu depuis le point du jour, à neuf heures votre fils fut blessé au poignet droit, aussitôt après le régiment décimé quitta le champ de bataille (1).

A quatre heures, il s'agissait de couronner l'action générale et de s'emparer du village de Cavriana où se cantonnait l'ennemi encore en force.

Le maréchal (2), passant à cheval, nous cria : *Des hommes de bonne volonté!* On comprend ce mot et parmi ceux qui se levèrent fut votre vaillant fils qui prit son sabre de la main gauche. Il fut une des dernières victimes.

C'était un brillant officier que ses soldats, ses camarades et ses chefs ont pleuré.

(1) Ce dut être à ce moment qu'un officier supérieur s'exprima ainsi : « Celui-ci a bien gagné ses éperons. »

(2) Canrobert. Comment se trouvait-il à Cavriana? puisqu'il devait marcher sur Médole, le maréchal Baraguey d'Hilliers sur Solférino, le maréchal Mac-Mahon sur Cavriana.

Il n'est point de mots pour une telle douleur. Si une semblable souffrance m'étreignait, que devait être celle de *sa mère?* Je vis sa torture comme je vis ce champ de bataille où finissait notre bonheur.

Il me restait un pénible devoir à remplir. L'enfant qui nous était conservé, comment l'avertir et l'épargner?... Que faire... une dépêche, une lettre? Je partis pour Brest.

V

En vingt-quatre heures je traversai la France, et au *Borda* je réclamai mon frère. A ma vue il chancela. — « Papa est mort? — Non. — Mon frère? » Je me tus, il comprit.

Son visage fut subitement creusé et comme rayé de pleurs : — « Ma sœur, emmène-moi. »

Nous restions ainsi tous deux, nous isolant sur ce vieux bateau semblable à une ruche, tant il y avait de jeunes gens allant et venant partout, jusque dans les vergues. Nous causions tout bas, navrés, mais soulagés d'être ensemble, plus unis encore par notre malheur commun que par les souvenirs de notre enfance.

Après le premier saisissement, il se laissa raisonner. « Oui, je resterai, il le faut; mais ne dis pas à papa que tu m'as trouvé si faible. »

Faible, non, mais touché jusqu'au fond de l'âme. Il me fut pénible de le quitter ainsi, non que je doutasse de sa solidité, mais de le voir commencer déjà cette vie d'isolement à laquelle il était destiné.

Je partis, seule aussi. Pour la première fois, mon beau pays de France me sembla moins beau malgré sa splendeur d'été. Cependant cette splendeur était réelle, superbe! La merveilleuse harmonie des cieux et de la terre était si complète que j'en fus pénétrée, presque froissée. Plus cette évidence me saisissait, plus vivement j'en souffrais, impression de l'être moral étreint du plus cruel chagrin en présence des choses qui ne sentent rien et qui ne changent pas.

Non seulement les choses, mais les hommes me blessaient par leur joie bruyante. Un tel triomphe, la paix conclue par la France (1), les transportaient et m'auraient naguère exaltée. Mais aujourd'hui mon âme était moins ouverte aux enivrements de la gloire nationale, — j'en savais la rançon; — nous l'avions payée de notre sang.

Combattue par des sentiments si divers, j'avais hâte d'arriver et de vivre dans cette région sauvage où j'avais passé une partie de mon enfance, coin perdu au bord de la Suisse, entre les grands monts et un large cours d'eau. J'y avais autrefois vécu des jours très heureux avec mes parents et mes deux frères.

L'aîné, tendre et déjà sage, surveillait « les petits », comme il nous appelait. — « Ne les suis donc pas toujours, disait ma mère. — Mais s'ils se noyaient, qui les sauverait? » C'est alors que s'éveilla en son cœur maternel cette prédilection pour lui dont son amour nous ménageait les nuances. Ainsi tous mes souvenirs jaillissaient du passé, comme cette rivière jaillissait de sa source inépuisable. Devant ces eaux qui fuyaient rapides, je songeais aux saisons qui se succèdent, aux générations qui disparaissent

(1) 12 juillet.

alors que la nature reste indifférente à tout tressaillement humain.

VI

Non moins indifférent, le temps, lui aussi, poursuit sa marche. Mon frère Robert achevait péniblement ses études, mais l'effort dernier lui valut un succès.

A M. et Mme Le Brieux, à Brescia.

Août 1859.

Mes bien chers parents,

J'ai quitté Brest hier matin et depuis quelques heures seulement je suis dans notre famille de ***. Sans vous, que ce retour me fut pénible!... Ici nous sommes bien tristes. Tous ceux qui te connaissent, mon père, et qui t'aiment par conséquent, sont très émus. Ton énergie et ta valeur excitent la sympathie et l'admiration générales. A l'église du village, il y a eu un service pour notre chère malheureuse victime de Cavriana ; on le plaignait, lui si jeune, d'avenir si beau. Quelle belle fin! — mourir sur le champ d'honneur! — S'il devait être ravi aussi tôt, il était juste qu'il le fût ainsi. Je l'envie d'être mort pour sa patrie.

Mme Le Brieux à Mlle Le Brieux.

Mes enfants,

Quand vous reverrai-je? quand parlerai-je avec vous de mon cher perdu? Ici je n'ose pas prononcer son nom ni le pleurer, cela pourrait émouvoir votre père. La convalescence ne fait pas de progrès. Son désir de retour est extrême; malgré cela, il s'assombrit. Les médecins remarquent cette prostration sans en découvrir la cause.

La plaie est saine : *bella carne*, disent-ils.

La position horizontale lui est insupportable, et cependant il ne peut quitter son lit et parle de sourdes douleurs dans le dos; plusieurs chirurgiens le visitent chaque jour. L'Empereur a fait prendre de ses nouvelles; le général de Ladmirault et le Père Souaillard (dominicain) sont venus le voir. Il est de plus en plus sombre; cet état si contraire à sa nature m'inquiète réellement.

Deux jours après, je recevais la lettre suivante:

1er août 1859.

Mes enfants,

Après avoir ausculté votre père, on a reconnu la présence d'une balle, celle-là même qui a brisé l'humérus et l'omoplate. Il est question de l'extraire; le pauvre patient, animé de force morale, d'acceptation chrétienne, ne se plaint pas et demande que cette seconde opération se fasse sans retard, aujourd'hui même.

Ce matin, les deux chirurgiens habituels ont extrait une balle énorme, déformée, à laquelle adhèrent des parcelles de drap, de toile et d'os. Votre père ne voulut ni qu'on l'endormît, ni qu'on le soutînt. L'incision fut large et profonde. « Fouillez, docteur, disait-il, je ne souffre pas, » — et sa chair frémissait!

Pour l'extraction, on l'avait appuyé sur son lit, le dos en pleine lumière. A ce moment le maréchal Baraguay d'Hilliers entra : Pardon, monsieur le maréchal, dit-il.

— Allez, allez, mon cher, les Autrichiens ne vous ont jamais vu ainsi, c'est l'essentiel, et j'avais hâte de savoir le résultat; permettez-vous, madame, que je reste?

Il resta, et après l'opération, ils s'embrassèrent (1).

(1) Quelque temps après sa rentrée en France, mon père reçut les insignes et le brevet d'officier des ordres des saints Maurice et Lazare d'Italie. Il y fut indifférent et nous, tout autant. « Ils s'en soucient comme d'une guigne », disait Pierre, son ordonnance, revenu avec lui.

— Je voudrais vous serrer dans mes bras, dit le maréchal à votre père, mais deux pauvres manchots comme vous et moi ne font plus ce qu'ils veulent. Contentons-nous d'une bonne accolade, ce qui vaut bien quelque chose, entre hommes.

A cette lettre succéda un silence de quarante-huit heures, puis quelques lignes : le même abattement s'accusait chez mon père, chose inexplicable avec une âme aussi fortement trempée. Chacun s'en préoccupait et je proposai d'envoyer mon frère, mais sa présence allait être inutile.

Revenant un matin d'un service funèbre, ma mère acheta une branche d'héliotrope qu'elle lui donna. « — Cela ne te rappelle-t-il pas le grand massif qui est devant le salon?... — Oh! ce parfum », dit mon père très ému. Saisissant la fleur, il la baisa. — « Ma France, ma France », répétait-il en mordant les feuilles et la tige.

Tout s'expliquait. Il mourait de nostalgie. « Il faut partir au plus tôt, ordonnèrent les médecins; demain si c'est possible. »

Le frère aîné de mon père vint chercher les siens et sa présence fit un bien réel à ma mère. Pour quitter l'Italie et entrer à Paris, ma famille et le général Dieu, amputé de la jambe gauche (il mourut peu après), occupèrent un vagon de bagages confortablement transformé en ambulance. Le voyage se fit lentement, péniblement. Quatre jours après, mon père et ma mère arrivaient à Paris, où j'étais depuis la veille, ainsi que mon frère. — Le surlendemain, l'armée française faisait sa rentrée triomphale : aucun de nous n'y assista.

Enveloppé d'un burnous blanc, notre cher père nous apparut horriblement maigri, son visage était anguleux et aminci. Quoique bien faible, il se tenait très droit, sa démarche était lente et comme spectrale. Nous étions bouleversés, nous n'osions même pas lui parler. « Hé quoi, on ne m'embrasse pas ! » Parlerai-je de ma mère? « Mon fils, nous dit-elle, je voulais le ramener en France, ce fut impossible, on l'avait déposé en dehors du cimetière de Cavriana avec deux autres officiers ; j'obtins de les faire inhumer à l'intérieur. On ne put reconnaître ni lui ni les autres. Pour tous les trois je fis mettre une seule croix avec ces mots : — Tombés au champ d'honneur. — Était-ce bien lui? L'irréparable fait ne pouvait encore la pénétrer, c'est l'histoire de toutes les guerres et l'espérance de toutes les mères. — Un homme pris pour un autre, un nom à la place d'un autre nom...

Paris, Val-de-Grâce, 29 août 1859.

Mon cher ami,

J'ai souffert si atrocement que je n'ai pas pu jusqu'ici vous écrire. Votre fils est mort à la tête de sa compagnie, comme savent mourir les braves. Avec quel courage, quel entrain il a rempli son devoir! (1)

Dès le premier moment il a inspiré à ses hommes une confiance solide qui ne s'est pas démentie jusqu'au moment où il est tombé pour ne plus se relever.

Par sa belle conduite pendant l'action, Le

(1) M. K..., lieutenant-colonel.

Brieux s'était acquis des droits incontestables à la décoration de la Légion d'honneur.

Il n'y avait que quelques moments que je venais de le lui dire devant tous, lorsqu'il a été frappé.

Votre fils n'a pas souffert. Vous l'avez bien pleuré, c'était justice, car c'était un excellent cœur, une intelligence forte, un officier de valeur et d'avenir.

Croyez...

Qui ne sait que l'espoir ne se rend qu'au dernier soupir — et ce dernier soupir nous ne l'avions pas reçu! « Ah! ce doute angoissant, disait ma mère. » Et nous restions silencieux, encore plus désolés. Est-il vraiment mort sans trop souffrir? Je voudrais qu'il n'ait pas eu le temps de penser à moi... Si l'on me trompait?... Je veux savoir.

Alors nous allions à Tours, où était son régiment. Elle arrêtait les soldats : Ha! ce petit lion, qu'il était brave et fier, disait l'un ; il nous enlevait, ajoutait un autre... « Est-il tombé deux fois frappé? — Oui. — Ils m'ont reconnue pour sa mère et essaient de me tromper. Va leur parler — et j'allai leur parler. Il est mort tout de suite, frappé ici, disait un caporal en touchant son front. Un sergent parla d'une balle au cœur. Et nos cœurs, de plus en plus déchirés, fermés à l'espoir, se fermaient aussi à toute consolation. Nous y pensions toujours, et dans le dur présent et dans le passé heureux. Je le vois encore lorsqu'il sortit de Saint-Cyr, pimpant dans son uniforme qu'il portait avec la crânerie de ses dix-neuf ans; et ensuite à Marseille, s'embarquant pour l'Afrique, libre, fort, satisfait... Qui aurait cru que cette Méditerranée, si belle sous les ardeurs du soleil de Provence, cette mer bleue qui l'emportait si loin ne nous le ramènerait jamais!

II

EXPÉDITION DE COCHINCHINE

1859-1862

EXPÉDITION DE COCHINCHINE

1859-1862

> Son caractère se dessine et se précise autant par ce qui lui manque que par ce qu'il possède.
>
> VIRGILE.

I

Trois mois après les événements dont on vient de lire le récit, mon frère cadet, mon seul frère, reçut l'ordre d'embarquer pour les mers de Chine. Son départ était prévu, mais une destination aussi lointaine nous jeta dans de grandes perplexités, d'ordre différent.

Assurément il était bien trempé. Cependant il lui manquait, comme à tout adolescent, la maturité physique et morale qui achève l'homme, et l'on peut dire que ses facultés l'exposaient autant qu'elles le distinguaient. Là était notre souci. Son *ingénuité* — le terme est exact — n'excluait pas les passions. Au contraire, il était capable des plus fortes, et l'on pouvait à cet âge du moins redouter la témérité de l'élan. Si l'éducation avait agi sur lui, elle ne l'avait pas affiné au point d'altérer sa virilité originelle. « Que les circonstances le poussent, ce sera un caractère. »

Ouverte et heureuse, sa physionomie rayonnait des mouvements de l'âme. Incapable de feindre, on pouvait suivre sur son front la nature de ses pensées : une joie ressentie ou simplement espérée éclairait son visage, de même qu'une amertume réelle ou seulement imaginaire le pâlissait, et des rêves heureux il tombait aux ténèbres.

Physiquement, je n'en puis guère parler, le souvenir n'est-il pas un portrait embelli? — Je le trouvais charmant et n'étais pas la seule. Puis, ce qu'on veut savoir d'un homme, c'est son être moral : l'intelligence importe, intéresse plus que la beauté.

Un matin d'octobre, sous un ciel gris et bas,

il s'en alla, lui, notre rayon de soleil, notre bonheur; il était tout cela pour nous et il emportait tout. Au moment de le quitter, mon père l'attira près de lui et, dans un regard où son âme passa tout entière, il lui adressa ces seuls mots : « Sois fort, équitable, sage. » Lorsque sa mère l'embrassa, elle traça sur son front le signe de la croix, bénédiction maternelle et divine qu'il se rappela toujours : ce qui est sacré ne s'efface jamais.

Tout au chagrin de nous quitter et d'imposer aux siens son propre sacrifice, Robert eût voulu peut-être retarder ce que, dans les transports de sa quinzième année, il avait si ardemment désiré (1). Je l'en vis souffrir mais aussi se maîtriser.

(1) Après un service pour le repos de l'âme du commandant d'Everlange, M. l'abbé de Cabrières, aujourd'hui évêque de Montpellier, parla de ce brave des braves de la grande armée... « Les plus nobles voies de la vie, ajouta-t-il, sont le partage du prêtre et du soldat, car toutes deux conduisent au don total de soi-même. »

Faut-il rattacher à ces paroles la pensée initiale de la carrière maritime de mon frère? Il y réfléchit dans le plus absolu secret : *Prêtre, non. — Marin, oui.* — Rien ne fit fléchir sa volonté.

Milhau, près Nimes, 1856.

« Au revoir, maman, ne pleure pas ainsi, et embrasse-moi sans chagrin. Tu le sais, j'ai mon étoile, elle me ramènera au jour joyeux du retour, pensons-y et ne soyez pas toujours dans les larmes, je vous en conjure, elles pourraient me gagner, ce que tu ne voudrais pas, mère. »

Au colonel de Gouyon de Beaucorps. — Clinchamps par May-sur-Orne, Calvados.

Mon cher ami,

Le départ de mon fils date d'hier et me voilà de nouveau dans le chagrin. Qui m'aurait dit que nous éveillions en lui cette vocation lorsque autrefois, vous et moi, à Lorient, l'emportions sur notre dos dans la mer?

Je le sais, ce qui m'appartient appartient à la France. Je lui donne tout, jusqu'à mes enfants. Je trouve cela dur.

Encore brisé de mes blessures (celle de mon bras droit inguérissable), je n'ai pu l'embarquer moi-même.

Le reverrai-je? et, s'il revient, reviendra-t-il indemne de cette première rencontre avec la vie? Conservera-t-il cette absolue droiture, cet attrait original dont sa mère est si fière?

Que Dieu le protège et le garde tel, et que sa divine bonté, — j'allais dire sa justice, — nous le ramène un jour.

Je compte sur votre jeune ami pour le guider, l'éclairer, le préserver. Nous sommes heureux de le confier à des mains aussi loyales (1).

On le voit, mon père ne vivait que de la patrie et de la famille. N'aime-t-on pas mieux, — ou plus encore, — à mesure qu'on sacrifie

(1) Sans être officier de marine, M. de Ké..., sur le vaisseau qui le transportait en Chine, vivait avec l'état-major dans le même esprit de camaraderie. Il avait dix ans de plus que Robert.

davantage? Aussi ce culte de la France se retrouvait-il en lui d'autant plus fort qu'il lui abandonnait son enfant.

Mme Le Brieux à Mgr Plantier, évêque de Nîmes.

Monseigneur,

Mon fils, à qui vous avez témoigné tant de bienveillance, vient de me quitter et mon amour ne peut rien contre sa volonté. Il a fait preuve de cette qualité que vous vouliez bien lui reconnaître, — la fermeté, — mais j'ai compris tout son chagrin lorsqu'il m'a dit adieu. Je n'oublierai jamais ni l'expression de son regard, ni l'émotion de sa voix à ce moment.

Cette mer qui l'emporte, je la redoute comme une ennemie. Les naufrages, les climats meurtriers, — les guerres possibles (1), les maladies, tout m'épouvante. A

(1) A cette époque, la Chine préoccupait peu les

ces terreurs se joint une autre crainte. Son enthousiasme l'exalte et l'excite; mais il ignore la prudence nécessaire à tout contact; je crains ce qui pourrait le troubler. Cependant nous avons un appui dans la personne de M. de Ké... présenté par un ami de mon mari. Il possède une distinction rare sous des formes très simples; c'est aussi un Breton, un cœur d'or. Il n'a que vingt-huit ans, mais ses principes de religion et de morale sont solides. Je puis le regarder comme le soutien et l'exemple de Robert, car il y a de bonnes contagions. Il va en Chine sur la *Renommée* et nous recourons à toutes nos influences pour que mon cher enfant embarque avec lui. Si cela est, ils quitteront Brest le mois prochain, pour revenir après trois ans, si

esprits, on en parlait rarement. Cependant de graves événements se passaient en Extrême-Orient, d'abord une violation de traité, et le massacre d'un missionnaire. Obscure et compliquée, cette question ne serait point à sa place dans ce récit qui, semblable à un cadre étroit, ne doit contenir qu'un fait, un nom.

Dieu le veut (1). J'ai été trop frappée dans mon fils aîné pour être encore en confiance, et si la Chine nous est aussi fatale que l'Italie, que deviendrai-je? Faut-il donc donner le jour à des enfants, les chérir et les perdre?

II

A mon père, à ma mère.

Permettez-moi de vous embrasser comme je le faisais naguère avec tant de bonheur.

(1) Trois mois seulement s'étaient écoulés depuis que l'impitoyable mort avait fermé les yeux de mon frère aîné. La douleur est en rapport de l'amour, de la profondeur du cœur qui la supporte : en certaines âmes, cette douleur dure jusqu'à la fin de la vie; telle fut celle de ma mère. Si elle en parlait peu et retenait ses larmes (les plus lourdes ne tombent pas toujours sur le visage), elle la conserva très pénétrante. Le souvenir n'est-il pas un rappel permanent, un irréel revoir des êtres disparus? Le plus difficile, disait-elle ensuite, est de reprendre sa vie.

En arrivant à Brest, j'ai rendu visite au vice-amiral, préfet maritime, auquel j'ai parlé de mon désir d'embarquer sur la *Renommée*. Grande fut ma frayeur lorsqu'il me dit que tous les aspirants étaient désignés et que, pour cela, il eût fallu un ordre spécial du ministre. J'étais furieux.

En le quittant, je me rendis chez le major général qui me fit l'accueil le plus affable. Du diable, si je savais pourquoi, lorsqu'il m'apprend qu'une dépêche ministérielle de l'amiral Hamelin ordonne mon embarquement sur la frégate que je visais. J'en fus très heureux. En fumant ma cigarette, je rêvais beau; j'aurais voulu exprimer cette joie, ne fût-ce qu'à un camarade.

M'étant présenté au commandant de *ma* frégate (1), j'en reçus un aussi bienveillant accueil.

Je commence demain mon service, je m'ennuyais déjà.

(1) M. Favin-Lévêque.

Ne vous préoccupez pas de mon moral. Il est bon. C'est vrai, notre séparation m'a beaucoup coûté et me coûte encore beaucoup. Mais il y a les lettres, puis encore des lettres, et, quand elles manquent, il y a la pensée.

Oui, je songe au bonheur que j'aurai à vous retrouver dans trois ans ; je vous en supplie, ne vous inquiétez pas de moi ; pensons ensemble au retour, à la joie immense d'être réunis. Vous verrez, alors votre *midship*, avec de la barbe, un vrai loup de mer.

La frégate s'armait lentement, au vif déplaisir de l'aspirant. L'ennui, son démon familier, le hantait déjà pour ne jamais le quitter. Était-ce l'ennui? Plutôt une appréhension de l'avenir au fond de laquelle se nuançait une tristesse jusque-là ignorée, celle des longues séparations.

J'ai hâte d'en finir. Les journées sont interminables. Nous ne faisons rien que surveiller l'armement de la frégate, l'embarquement du charbon, du vin, scruter les noires profondeurs de la cale avant de l'abandonner aux rats, car il faut s'assurer que les soutes sont en bon état.

Heureusement, ce service ne durera pas longtemps. Une fois en pleine mer, nous remplirons les fonctions qui conviennent à un officier de vaisseau.

Le commandant a reçu à mon sujet une lettre de l'amiral Baudin et m'a félicité à cette occasion. Cela me contrariait excessivement, car c'est à vous, à vous seuls, mes amis les meilleurs, que doivent revenir ces flatteuses paroles, à vous à qui je dois ce qui embellit ma vie.

Ecrivez-moi souvent. Pour bien faire il faut que je sois heureux et mon bonheur est en vous.

Le même courrier nous apportait une lettre de son commandant, dont voici les dernières lignes :

Ainsi disposé à se bien conduire, ferme et résolu, il arrivera de bonne heure. On peut beaucoup attendre de son intelligence, de son sens du devoir. Je me connais en hommes. Celui-ci est solide, j'en réponds.

Il n'a qu'à se montrer, — disait sa mère, — pour se rendre sympathique.

Jusqu'ici, elle supportait bien l'éloignement de son fils; mais quelles seraient ses pensées au moment du départ? Ainsi que les marins au début de leur carrière, notre futur amiral attendait ce jour, rêvait à « l'aurore de sa destinée », comme s'il devait se plaire dans l'exil ou s'y accoutumer.

« Le 9 septembre (1859), à midi seulement, nous avons appris que nous partions le soir même, à trois heures. Nous nous attendions tous à cette nouvelle; cependant elle a produit sur moi un étrange effet.

Je ne pouvais me faire à cette idée que, dans trois heures, j'allais quitter mon beau pays. Je ne sais quel serrement de cœur se fit en moi sitôt que je vis qu'il fallait m'éloigner de cette chère France, où je laissais ma famille qui m'a témoigné tant d'amour intelligent, tant de soins dévoués, et où j'ai travaillé pour me faire ce que je suis.

Ce que je vous raconte là vous paraît probablement un peu niais et vous vous dites, peut-être, que je ne fais que répéter ce qui se trouve dans tous les livres de marine. Mais si vous aviez, comme moi, abandonné la France et les vôtres, vous verriez, vous sentiriez par vous-mêmes ce que j'éprouve.

Ayant terminé les derniers préparatifs je me rendis à la cale; c'est là que je ressentis les plus fortes émotions. Je voyais arriver les officiers de la *Renommée*, jusqu'à des matelots ayant leur famille avec eux. Qu'ils étaient heureux!... J'avais encore deux heures à moi; — je me fis conduire à Brest. Hélas, j'y étais aussi seul!... je n'avais qu'une chose à embrasser, c'était la terre. Je l'ai embrassée sans regarder si on me voyait. Quel est donc le penseur qui a dit : — la patrie est ce coin mystérieux de l'âme où l'homme et la terre se parlent d'amour.

Je restai là immobile, élargissant mon âme et mon regard pour mieux saisir et garder ce que je voyais pour la dernière fois, afin d'emporter infinissables en moi, inoubliables, le sol, l'espace, la lumière, les cieux, tout ce qui constitue *la Patrie*.

Vous trois, aimez-moi, écrivez-moi.

« C'était l'heure qui ranime les regrets de ceux qui naviguent, attendrit leur cœur, le jour où ils ont dit adieu à leurs doux amis » (1).

« Ma sœur, je t'envoie les dernières lignes écrites en vue des côtes de France qui peu à peu disparaissent...

Grand Dieu ! Est-ce bien moi qui ai voulu, — et voulu avec une si tenace volonté —

(1) Verset du *Purgatoire*, chant VIII.

ce qui est maintenant un fait? Enfin, mon sort est décidé. Néanmoins cela fait mal. Aujourd'hui tout me fait mal. Passons.

Nous sommes si drôlement faits dans la marine — et ailleurs! — Hier nous pleurions à torrents. Aujourd'hui, mes camarades et moi rions ensemble, gaieté absurde et nerveuse en voyant ce qui se passe autour de nous : bêtes et gens se pressent comme des moutons de Panurge, pour entrer dans la frégate. Heureusement qu'elle est solide! — Bien vraie, cette phrase de J. de Maistre : « C'était comme au premier chapitre de la Genèse ; tout ce qui vole, tout ce qui chante, tout ce qui beugle, tout ce qui bêle y était. »

Voilà donc le chargement animal. Quant à l'équipage, oh! c'est indescriptible. On se bouscule, on se cogne ferme et dru, les bourrades ne se comptent pas, les jurons non plus ; et quels rires sonores!...

Dans la cale, à l'ombre de ballots sans nom, je vis un couple superbe. Quel joli tableau de genre en eût fait un peintre!... Un brave maître, ce que nous appelons un dur à cuire, un athlète dont le cou énorme, largement découvert, semblait gonflé de soupirs. Elle, une fine fleur de Bretagne, peut-être de Normandie, frêle et pâle, s'appuyait sur l'épaule du colosse, et pleurait. Il paraissait faiblir : « Tu veux donc me noyer avant que j'embarque? » Frappant son genou d'un coup de poing à le briser : hé! donc, ma pauvre femme, m'en voilà pour trois ans dans le... Escomptant l'avenir, ils s'embrassaient sans vergogne.

Tu vas me dire, ma sœur, que je te raconte une chose triviale! Hé bien, non; c'était l'expression simple de sentiments vrais. Je crois même que la contagion de leurs larmes allait me gagner.

Dans le tréfonds obscur et impénétrable de mon âme, je trouvais dur de n'avoir ni femme, ni sœur, ni mère, pour m'assister à ce premier départ. De quelle puissante étreinte je vous eusse serrées dans mes bras. Ah! le mariage d'amour avec la terre? Allons donc. Qu'est-ce à côté du sentiment qui me poigne? Adieu toi, adieu ma sœur. Garde-moi ta tendresse et tes prières. »

Nous aurions dû être avec lui jusqu'à ce moment, comment nous être refusé cette joie? Surtout, pourquoi ne la lui avoir pas donnée?... Regrets, reproches, remords, tout est vain, stérile, alors qu'il a disparu. C'était *avant* qu'il fallait l'aimer : *après*, qu'importe?

Cette heure devait trop tôt sonner. L'ineffable sagesse qui nous laisse ignorants de l'avenir nous livrait à des préoccupations dont quelques-unes devaient nous charmer. Craindre, attendre, espérer : la vie humaine s'écoule dans ces alternatives. En ce moment c'était l'attente des nouvelles de l'absent. Quelle est la mère, la femme ou la sœur d'un marin qui n'a, comme nous, dirigé ses pensées, ses regards vers les pays inconnus?

Lorsqu'on se trouve en face de quelque chose de nouveau, qui ne sait ce que notre imagination peut se créer de fausses idées, de terreur?

Un ciel sans étoiles me semblait menaçant; les tempêtes, les cyclones, les récifs, les naufrages, les requins... J'avais la crainte des plus petits incidents et ces puérilités faisaient sourire les miens. Ils voyaient mieux et plus loin. Ce à quoi je ne pensais pas, c'était à la guerre (et fatalement il y allait!) Mes parents avaient tous les troubles, toutes les inquiétudes et, sans la chercher dans sa mémoire, mon père répétait tristement cette strophe que chantaient naguère mon frère et ses amis :

Où sont-ils les marins tombés dans les nuits noires?
O flots, que vous savez de lugubres histoires!
Flots profonds redoutés des mères à genoux..,
Vous vous les racontez en montant les marées
Et c'est ce qui vous fait ces voix désespérées
Que vous avez le soir quand vous venez vers nous.

III

Cet exode précéda le nôtre. Nous quittâmes notre famille pour aller à Rouen où se trouvait le régiment de mon père. Ce régiment vint à sa rencontre et il eut alors une heure vraiment heureuse : son cœur battit avec transport. Entouré, acclamé, il s'élança sur son cheval; la musique joua ses fanfares de triomphe, et les soldats marchaient allègrement. Les officiers supérieurs s'étaient groupés autour de leur camarade. Hélas ! le membre perdu enlevait au vaillant mutilé l'équilibre nécessaire, il fléchissait. Mettant pied à terre, d'amères pensées couvrirent son front de tristesse.

Sur la grande place où se trouvait notre demeure, les bataillons se rangèrent, manœuvrant sous le commandement de mon père. L'altération profonde de sa voix — comme une cassure des cordes vocales — nous frappa, et nous sentîmes que quelque chose d'étrange se passait en lui. En effet, il venait de comprendre la nécessité de renoncer à cette vie qu'il avait aimée avec le double sentiment « de la passion et du devoir ». Cette résolution soudaine fut absolue.

Vinrent les amertumes, la fin de tout ce qui enflamme le cœur du soldat. Vint la nuit des impuissants regrets, l'irréparable; une existence désormais sans intérêt, voilà ce qui suivit et ce qui dura. Aimant les siens d'un amour sans limite, mon père s'enferma dans cet horizon plus étroit, de nouveaux devoirs s'imposent, d'autant plus sacrés qu'ils se montrent plus austères.

Rompant avec le passé, qui lui fut si cher, il en parlait peu, apportant dans cette acceptation d'un fait très dur la fermeté de son caractère. Je ne dirai pas qu'il se résigna ni qu'il eut « le courage allègre » ; mais ce qu'il faut affirmer, c'est qu'un sentiment religieux ne fut pas étranger au calme supérieur qui le soutint alors. Cette force nouvelle ne devait jamais se démentir.

Le maréchal Baraguay d'Hilliers, le général de Ladmirault se réunirent pour modifier une résolution qui fermait son avenir militaire. Cette décision était très regrettable, il faut le reconnaître. Mon père n'y changea rien.

Calme et sérieuse, notre vie morale s'alimentait de souvenirs et d'espoirs, ceux-ci arrivant par delà l'Océan, chaude clarté capable de nous réjouir, car il n'est, paraît-il, si triste saison qu'un rayon ne colore.

La première lettre de Robert nous parla de Ténériffe :

Nous n'y descendrons pas. Le temps menace. La petite ville espagnole de Santa-Cruz n'est d'ailleurs qu'une baie sans intérêt.

N'en parlons pas; revenons à mon bateau. Savez-vous ce qu'est, sur un bâtiment, *le carré?* Tout à la fois salle à manger, salon, fumoir où aspirants et enseignes se retrouvent; dans cet étroit groupement se forment les plus durables amitiés du marin, où, quelquefois aussi, naissent ses plus tenaces antipathies : (1) — l'art de vivre ensemble est, dit-on, un art difficile — (il ne s'en doutait pas).

Le contact permanent d'êtres différents par leur nature, leur origine, leurs goûts pouvait amener de certains froissements; gai, peu

(1) En arrivant au *Borda* il devint *fistot* de M. Hamon, d'un an plus âgé que lui. Cet *ancien* l'adopta et l'aima avec la plus complète amitié; s'il fut l'ami des jours heureux, il le fut surtout aux jours de douleur. « J'ai revécu dans ces pages, m'écrivait-il en 1892, vingt-cinq années de mon existence, depuis notre joie exaltée sur le *Borda* en 1858-59, jusqu'au jour du dénouement. » Lui-même mourut en 1898.

ombrageux, Robert était cependant impressionnable et vif à la riposte. Mais sa bonté native frisait l'optimisme. Loin de croire comme Tourguenef que l'âme d'autrui est une forêt obscure, il inclinait à la douce croyance d'être aimé de ses camarades par cela seul qu'il les aimait, « ne se faisait pas faute, disait l'un d'eux, de nous grandir, car il était incapable de basse envie ».

En attendant les leçons de l'expérience, « il traversait une zone d'illusions », voyait plutôt la surface que le fond, privilège de son âge, puis c'était son premier essai de vie sociale et personnelle. Le carré était également fréquenté par l'aumônier du bord; celui de la *Renommée*, jeune et bien élevé, vivait en bonne intelligence avec les midships; sa présence n'apportait aucune contrainte à la gaieté, mais en modérait toutefois les démonstrations.

Notre abbé — écrivait Robert — est un excellent prêtre, soucieux de ses devoirs, convaincu, très strict dans ce qui regarde son ministère. Son bon esprit est dégagé de tout caractère d'intolérance.

Nous causons très ouvertement avec lui, il partage nos idées, notre gaîté et nos cigarettes, mais n'accepte jamais les rares spiritueux que nous nous offrons aux fêtes carillonnées. »

Malgré les ressources de l'esprit et de la jeunesse, on s'ennuyait souvent au carré.

Le temps à bord, écrivait l'amiral Jurien de la Gravière, exerce bien vite son action fatale sur les âmes les mieux douées ; il met vivement en saillie les moindres bizarreries de caractère, les moindres aspérités morales. L'ennui ne peut manquer d'envenimer, sans qu'on y prît garde, le moindre grief.

Robert avait le cœur tendre et prompt — ce qui s'allie souvent, — il manquera de flexibilité, reconnaissait sa mère. Aussi nous nous préoccupions d'incidents possibles, de faits qui peut-être ne se produiraient pas ; l'ennui pouvait mal le conseiller... Ce qu'il fallait à cet être de vigueur et de ressort, c'était l'action. On le verra au feu, d'une bravoure froide, plus rare que l'élan. Mais avant de donner sa mesure, sur le champ de bataille, on peut juger de quel dévouement courageux il était capable. L'occasion s'en présenta dès le début de la traversée « et ce ne fut pas une page isolée », car dans sa vie il s'exposa sept fois pour sauver ses semblables. (1)

A Ténériffe, — écrivait-il, — le gros temps nous a fait éprouver des avaries. Nous avons la poulaine défoncée et du mou dans notre gréement.

Notre poste offrait le spectacle d'un désordre affreux; les coussins roulaient par terre avec ceux de nous que rendait incapables le mal de mer. Nos boîtes à claques allaient choquer une pile d'assiettes. Nos sextants, par esprit d'imitation, roulaient au milieu des conserves de sardines et autres précieuses choses de ce genre.

(1) Colonel Pitois, 11 août 1883.

La brise augmentant de fureur, et nous faisant petits devant la colère aérienne, notre voilure diminua successivement jusqu'à ce que trois ris fussent pris dans les huniers.

Ce jour-là, j'étais de quart de quatre à huit heures du soir. Ne voulant pas me laisser pincer par le mal de mer, je montai sur le gaillard d'avant pour respirer à pleine poitrine.

Souvent des paquets de mer embarquaient par-dessus bord. Le roulis était très fort et il m'est arrivé plus d'une fois de rouler jusqu'à ce que le parapet m'arrêtât. L'homme qui était en vigie à mes côtés ne voulut pas se tenir debout comme moi, et une demi-heure après que j'eus quitté mon quart, ce malheureux, assis sur les bastingages, tomba à la renverse! On vira de bord aussitôt, des bouées de sauvetage furent jetées, mais la nuit était noire; cependant le vent faiblit.

Il n'en dit pas davantage. Voici ce qu'un lieutenant de vaisseau, — M. Regrény, je crois, — écrivit :

Le danger était trop grand encore pour que le commandant crût pouvoir donner ordres. Donc, chacun était libre.

Notre aspirant se jeta dans une embarcation et, par son exemple téméraire, entraîna deux matelots. « Nage, nage, garçons ! » et ils ramaient ferme, les braves garçons, enlevés par leur officier. Haletant, celui-ci les excite, et leur regard, — à tous trois, — trompé par une fausse apparence, restait attaché sur le point qu'ils cherchaient à atteindre. « Courage, courage, criait le sauveteur, nous arrivons ! » Sa voix s'étranglait. Beau de sa volonté, il se jette à l'eau, s'élance vers l'infortuné qu'il croit étreindre. Il n'étreignit que le vide, une épave seule surnageait... Ainsi restaient infructueux ses périlleux efforts, le matelot avait à jamais disparu.

On tient moins à l'existence, — écrivait mon frère quelques jours après, — lorsqu'on la voit inutile aux autres. Quel début dans ma carrière! A quelque distance, un être en péril, et je n'ai pu le sauver! Qu'était-il? Un inférieur soit, mais un homme. L'équipage et nous, ne sommes-nous pas solidaires? et nous ne *pouvons* pas abandonner nos matelots. Moi, son officier, n'avoir pu l'arracher à une semblable mort! Quelle fatalité si réelle, si frappante! Je ne m'en consolerai jamais.

Il ne connaissait pas assez la vie pour savoir qu'on se console de bien des choses!...

Il faut, — lui répondit son père, — devenir plus fort que le chagrin, savoir le porter et non se laisser porter par lui. Ceci est pour toute ton existence.

A regretter l'impossible on s'use inutilement : l'énergie tombe. A ton âge et dans ta position, on n'a plus le droit d'écouter sa seule sensibilité. Pour agir, il faut savoir employer toutes ses ressources, acquérir le sang-froid nécessaire à l'action.

N'ouvre jamais la porte au découragement. Travaille-toi, sans relâche. Sois calme et *patient*, exerçant la maîtrise nécessaire à ton perfectionnement moral.

Sois heureux, mon cher enfant, afin que nous puissions l'être encore.

(Ces mâles accents n'éveillaient qu'un faible écho) : mon père en parle à son aise, je n'ai pas comme lui un long acquis de douleur.

Le temps consolateur devait atténuer ces souvenirs, la jeunesse a une telle mobilité d'esprit! La solitude des quarts de nuit qui est, dit-on, la retraite la plus profonde, plaisait à mon frère d'une nature tout à la fois méditative et active. A ces heures tranquilles, les fantômes familiers prenaient aspect de vie, s'allongeaient, grandissaient, chers revenants des lointains.

D'autres apparitions, celles-ci radieuses,

idéales, s'élevaient des petites vagues phosphorescentes. Des traits à peine entrevus, un parfum, un son de voix... que sais-je? Ce n'était rien, mais à cette distance, c'était tout, car un amour qui s'ignore s'alimente de bien peu de chose. « Certains souvenirs de jeunesse sont si vifs qu'on en porte à jamais la marque. » Le cadre austère où se mouvait notre marin favorisait ces rappels flottants, imprécis, les entretenait dans le clair-obscur où s'attardent les rêveurs. Le silence des mers et la paix du soir le plongeaient dans l'infini des songes, — sorte d'azur étoilé, — mais l'éclat du jour le rendait à la vie commune, à son devoir. Ses rêves n'étaient pas de ceux qui tuent les facultés actives; au contraire. Il « savait que la vigilance est la première qualité du marin, la seconde est la présence d'esprit, car la navigation ne connaît que des dangers imminents. » Ce travail intérieur ne nuisait en rien à son tempérament moral, mais l'orientait prudemment; Robert avait tous les enthousiasmes, toutes les ardeurs et même toutes les fougues d'un être qui crée lui-même sa personnalité. Ces élans de jeunesse sont toujours un attrait, souvent un défaut, assurément un danger. Mais la vie est un maître qui nous élève... et nous broie.

A son devoir, écrivait encore M. de Ké... il est le premier. Il se fait obéir, se fait aimer, grand art parmi nous ; puis il est gai, et alors le carré tout entier se livre à la joie la plus étourdissante.

Le mois dernier, on vous a raconté, madame, comment votre brave enfant s'est risqué à une mort à peu près certaine pour sauver un pauvre diable qui s'est noyé à quelques brassées de la frégate. Mais votre fils s'est emballé et au péril de ses jours, bravant les grandes lames encore furieuses, il a poursuivi pendant une heure le couvre-chef du matelot, mirage auquel l'inexpérience est sujette.

Ce matin, — écoutez bien, madame, — ce matin, dis-je, nous étions un peu partout, lorsqu'on bat un *ban*. Nous voici tous sur le pont, donnant à notre tenue un coup de fion (excusez-moi, madame), car un ban est chose sérieuse. L'équipage se met en rang, l'état-major en avant, et tous, en silence, nous attendons la *grrrande* révélation.

Est-ce un changement de direction, un attentat à la vie de l'Empereur? Rien de tout cela, c'était mieux. Le commandant tenait une lettre du ministre de la Marine félicitant votre fils au sujet du sauvetage qu'il tenta et que vous savez.

Après nous en avoir fait la lecture à haute et intelligible voix, — tout se passe très bien chez nous, — le commandant vint serrer la main de l'intéressé : « (1) Vous ne chômez pas, monsieur, » lui dit-il, faisant allusion à un premier sauvetage (2).

(1) C'est ennuyeux qu'il m'ait dit cela devant les autres. En effet, il avait rougi jusqu'à la racine des cheveux et disparaissant aussitôt, je le trouvai, au carré, aussi ennuyé et non moins rouge que sur le pont. On appelle cet effet de la modestie. Ça lui passera avec le temps, car c'est une fleur que fane le soleil de chaque jour.

(2) Ce premier sauvetage avait été plus heureux : « Au port de Brest, écrit M. Hamon, un homme tombé

De celui-là vous n'en savez rien, madame, et ne connaîtriez pas davantage le dernier sans ce bavard qui vous écrit aujourd'hui, d'abord parce qu'il est loquace (défaut rare chez les Bretons), et qu'ensuite il tient beaucoup à vous faire plaisir, ce grand plaisir d'orgueil et d'amour des mères. Suis-je dans le vrai, madame? Si oui, veuillez me le dire et agréer tous mes respects.

Et ma mère répondait aussitôt à ce jeune homme qui, si fièrement, faisait battre son cœur : « Sans lui, disait-elle, je ne saurais rien de Robert. » On peut donc s'imaginer combien étaient longues et fréquentes ses lettres à son fils. La leçon s'unissait à la tendresse et sa plume courait alerte, ailée. « Ne lui donne pas tant de conseils », suggérait mon père;

à la mer d'un chaland accosté le long du bord, allait périr lorsque mon ami sauta sur le chaland, de huit mètres de haut. Bien qu'étourdi, il se précipita à l'eau et le sauva. Il eût été trop long pour son dévouement de descendre par les échelles de ce chaland. Ce jour-là, son courage ne fut pas impuissant. Combien il fut heureux, heureux jusqu'aux larmes...

mais ce que femme veut, elle le veut bien, — ma mère surtout, — et la fine pointe d'acier continuait sa course rapide. Rien de plus indépendant que ce charmant esprit qui, suivant son idée, recommandait aimablement qu'on fût bien raisonnable, enfermant dans ces quatre syllabes mille choses délicates et sous-entendues.

Quel vif souci était le sien au sujet des îles « parfumées, enchantées », où les vaisseaux font escale! Cela s'appelle les relâches. Pour ma mère, ce dernier mot était lourd de menaces, car les officiers de marine que nous connaissions se plaisaient malicieusement à lui dépeindre les écueils de ces rives perfides, autrefois habitées par les sirènes de la fable, et ils appuyaient sur certains souvenirs, glissant sur d'autres.

Alors, songeuse et préoccupée, ma mère revenait à M. de Ke...; n'avait-elle pas confié son fils autant à sa conscience qu'à son affection? Il était, en effet, beaucoup plus complet que mon frère. « Veillez sur lui, écrivait-elle à Mentor, me pardonnerez-vous de prendre si à la lettre votre bonne volonté? »

Non seulement M. de Ke... devint son confident, mais son complice dans cette œuvre de protection occulte. J'aurais voulu lire les lettre que lui adressait ma mère, — dont l'esprit très cultivé était fin et solide, le cœur lumineux, pénétrant, — vrais *billets doux* dont l'un e l'autre gardaient le secret. Mais ce mystère n'était pas si profond que le voile n'en fût parfois soulevé. Voici une lettre écrite du large et, malgré sa longueur, je la cite tout entière :

En mer.

Madame,

Puisque vous m'honorez si particulièrement de votre confiance, je vais vous parler en marin, non sans atténuer la hardiesse de notre langage.

Eh bien! monsieur votre fils s'est grisé hier (le mot fatal est écrit) et grisé très joliment.

Nous nous sommes arrêtés à Gorée, huit heures passées à terre en relâche! En cinq minutes, des chevaux furent commandés, sellés, enfourchés. C'est le « lâchez tout ». Une fois lancés, nous chantons des airs d'opéras — d'opéras très comiques, ameutant les populations.

Nous filons ventre à terre. Pour arriver? Non, mais pour courir, vivre dans l'espace, respirer l'odeur des prés, être emporté... Quelle furia!... Nous avions grand air, madame, que vous en semble?

On pouvait nous prendre pour des échappés de Charenton. En effet, un vaisseau n'est-il pas l'asile de ces détraqués qui ne connaissent ni l'intrigue ni le trafic, assez fous pour quitter plaisirs, famille, patrie, et voguer sur les mers, prodigues de leur vie, parlant de Dieu et de la France aux races jaunes, cuivrées ou noires?

Je reviens à mes... chevaux, fourbus, blancs d'écume, à demi morts. Cet emportement à dos d'animal ayant cessé de plaire, les plaisirs champêtres et gastronomiques leur succédèrent.

Madame, ce fut délicieux, j'allais dire idéal, mais la fin prouverait le contraire. Dès ce moment, mon rôle de mentor devint absolument platonique.

Vous n'avez jamais vu, madame, je l'espère, le carré débarqué? Jugez-en. On s'étend sur le gazon, on mange de la prairie; nous récitons des vers à la plus humble fleur. On dit des bêtises grosses comme notre bateau; plus c'est bête, plus on rit, et sans le vouloir nous avons infiniment d'esprit, ayant le bon goût de rire de nous avant que les autres s'en mêlent.

Hier, chacun a divagué. Nous avons déjeuné par terre, couchés dans l'herbe. Oh! madame, que nous sommes mal élevés lorsque vous n'êtes pas là! Il faut l'avouer, ce fut une véritable débauche, la première que votre fils ait faite; mais, je l'affirme, on n'eut pas à l'initier. Il était d'une gaîté folle, communicative. C'était bien innocent, mais voici qui l'est moins. Il se grisa d'une coupe de champagne.

En réalité, ce qui l'enivrait, mon fistôt, c'était le grand soleil, la terre où il marchait, — c'était sa joie, sa liberté, — il s'excitait de son beau rire franc.

A l'unanimité on but à la France, à nos foyers. Oh! ces souvenirs de France! ces choses-là, madame, nous montent du cœur au cerveau, l'exaltent... et tout est dit.

Votre fils sentit cela d'une étrange façon, ce que voyant, et pour qu'il ne s'attendrît pas davantage, on lui donna du Moët avec beaucoup de mousse.

Ce qu'il nous amusa, nous les anciens! Il vint tour à tour nous saluer, faisant à celui-ci un souhait de tempérance, à celui-là une déclaration d'amour, s'interrompant pour exécuter un pas de zéphyr, mais restant toujours élégant. On ne s'encanaille pas, madame, dans la marine impériale; on y est bête, mais voilà tout.

Veuves de leur contenu, les bouteilles à col doré volent en l'air, moins haut cependant que notre raison.

Vint le moment psychologique : il fallut remonter à cheval. Pour nous en imposer, monsieur votre fils sauta lestement sur le sien... Voilez-vous la face, madame, il se mit en selle en face de la croupe...

Voilà, foi de galant homme, comment se passa cette première relâche. Mais croyez-en mon expérience, les relâches, c'est comme les années, elles se suivent et ne se ressemblent pas.

Les courriers suivants apportèrent d'autres lettres qui, elles non plus, ne ressemblaient pas à celle-ci. Plus de mousse de champagne, de gazon fleuri, de fines griseries d'esprit. De nouveau le génie de la guerre se dressa devant nous. Après quelques mois de trêve, l'ancien tourment allait recommencer.

IV

Les souvenirs de la campagne de Chine, où Français et Anglais combattirent ensemble, me sont si présents que je pourrais en rappeler toutes les péripéties.

Commencée en 1858, cette campagne, d'un caractère particulier et avec des difficultés exceptionnelles, ne pouvait se poursuivre et se terminer avec la rapidité de la guerre d'Italie. Les anxiétés de celle-ci, les malheurs qui en furent la conséquence, nous impressionnaient encore profondément, et nous étions aussi trop satisfaits des lenteurs de l'action pour partager l'impatience de Robert. De cette lenteur nous voulions bien augurer; mais le calme relatif dans lequel nous vivions à cette heure n'était pas exempt de crainte : chacun de nous faisait effort pour se donner mutuellement l'espérance et la foi en l'avenir : par une convention muette, une entente tacite, nous réservions nos idées.

Non seulement en France, mais au point même où se concentraient les mouvements, l'incertitude persistait et chacun s'en plaignait. « Il faut reconnaître, écrivait un officier, que cette guerre est faite pour désarçonner l'homme le plus patient. Si le Céleste-Empire garde son secret, les alliés aussi gardent le leur. »

— Oui, ajoutait mon frère, je suis en Chine, irrité d'y être sans avoir rien à y faire. Je m'ennuie à mourir.

Nous recevions les journaux français et anglais, — les cartes dont nos tables étaient couvertes indiquaient la configuration des pays lointains, les points où se portaient l'armée alliée et les flottes. En dehors de cette question d'Extrême-Orient, tout nous devenait indifférent, nous était distant. Et il fallait vingt-six, vingt-huit jours, — un mois, — pour la traversée. Que de choses pouvaient s'être passées entre le départ et l'arrivée des courriers!

Ce que nous connaissions des débuts de la guerre, de ses complications, ajoutait à nos craintes. Ma mère, qui s'alarmait des événements et même des choses, savait que les canaux, appelés là-bas des arroyos, avaient des bords dangereux, pouvant abriter des caïmans; de plus, les rives des cours d'eau, si nombreux dans ces régions, étaient un fouillis de plantes souples et impénétrables à l'œil. Mon frère nous en avait décrit l'aspect enchanteur, surprenant, tout nouveau pour lui. Mais quelle facilité pour les surprises, les embuscades d'ennemis toujours prêts à l'attaque perfide, pouvant frapper sûrement et se dérober aussitôt! « Ce sont des fourbes, — écrivait Robert, — ils l'ont été, ils le sont, ils le seront toujours; — au fait, comment les juger? ils n'ont pas notre âme. »

Nous redoutions, non sans motif, la cruauté de ces peuples ayant toutes les finesses, les ruses des races orientales. Les Français, — disaient les Annamites, — sont des lions, mais nous sommes des renards.

Un soir les lions s'endormirent chez les renards.

« Nous avons fait quelques courses, tantôt en jonques, tantôt sur les riantes et vertes prairies et nous avons visité une petite ville industrielle où le temps a fui comme l'onde. Ici tous les commerces, toutes les astuces chinoises, toutes les ficelles du métier. Quels regards coulants, rusés, humbles, sans cesse surveillés, — quel empressement ont ces petits doigts aux ongles longs et mal faits, aigus, avides ! Quelle odeur infecte ont leur peau jaune presque tannée. Voilà pour les humains. — Mais les choses ! — fantastiques, variées, inimitables de patience, de perfection, de coloris.

Nous dévalisons les bazars, les boutiques de brodeurs, d'armes, d'affreux petits magots, dieux vénérés, de porcelaines satzumas et autres, familles vertes et autres. — Tout cela, mis en tas précieux jusqu'à l'épuisement de nos ressources. Hélas ! toutes nos économies de bord y ont passé.

La nuit soudaine tomba sur nous et ne pouvant rejoindre l'île flottante — notre bateau — il fallut trouver un gîte nocturne. Point d'hôtel qui se respecte, pas d'hospitalité de nuit... Nous avisons une petite fenêtre avec une petite lumière. Toc, toc, ouvrez à des égarés. C'était la maison, l'atelier, le toit d'un ébéniste ne façonnant que des cercueils !... brrr. On se regarde, on se consulte : le choix manque.

Lestement nous descendons dans ces profondeurs obscures. — Bah! soyons vaillants, ici comme partout. — On dormit, rêvant aux petites mousmées, rêvant de nos trésors acquis, plusieurs à notre heure finale.....

Quand l'Aurore — cette fille du matin — nous fit quelque avance, d'un bond juvénile nous sortîmes de ces troncs d'arbres évidés, creusés, dernier logis des Célestes. Ah! que d'entrechats, que de folies! tout cela pour chasser et vaincre le néfaste souvenir de cette nuit macabre... Adieu, dormez paisibles dans la douceur de nos lits de France. »

Rade de Che-fou, 12 juillet 1860.

Mes chers aimés,

Puisqu'on ne me dit rien de personne, j'augure que vous allez tous bien. Quant à moi, je me porte divinement. Nous sommes maintenant très occupés, c'est ce qu'il me faut.

Toutes les forces navales et terrestres sont réunies ici, et cet appareil de force est très beau à voir.

Après leur arrivée, les troupes ont débarqué et établi leur campement dans une petite presqu'île, en se groupant auprès d'une grande tour carrée qu'on avait d'abord prise pour un fort, et qui n'est qu'un tombeau de mandarin.

Il est arrivé à ce sujet une chose assez drôle. Lorsque les premiers bâtiments abor dèrent à Che-fou, l'amiral Protet qui les commandait prit cette tour grise pour un fort sérieusement gardé. Les chaloupes portèrent sur le rivage les troupes de débarquement.

Figurez-vous le désappointement général quand on vit, au sommet de la tour, flotter le pavillon français sans qu'un seul coup de fusil se fît entendre.

Tout notre vocabulaire de jurons, — et je vous assure qu'il y en a, — témoigna de notre colère. Je vous en épargne l'énumération à cause de mes dames les plus chères qui me renieraient.

Les malheureux Chinois, bien loin de

songer à la défense de leur territoire, avaient à peine aperçu les troupes que, remplis de terreur, ils fuyaient à toutes jambes.

En descendant à terre pour établir leur camp, nos soldats trouvèrent les maisons ouvertes, abandonnées, et leur instinct de pillage put se satisfaire. On y mit bon ordre.

Tranquillisés, les Chinois revinrent petit à petit retrouver leurs pénates et organisèrent tout de suite un marché, car ils sont très rapaces, et chaque matin nos cuisiniers vont s'approvisionner chez eux. Voilà le vrai tempérament chinois. Ainsi que les fils d'Israël les plus avisés, ils préfèrent la proie de l'argent à l'ombre de l'honneur.

A cette lettre en succéda une autre, — ou plutôt elles furent toutes deux apportées par le même paquebot; — mon père trouva déplacé le ton de cette dernière.

Chère mère,

Je suis chef de gamelle comme tu es maîtresse de maison, je te plains.

La table du carré me donne un souci extraordinaire. Pas moyen de varier; de plus, la vie animale, comme nous disons humblement, est fort chère maintenant.

Naguère on avait vingt-cinq poulets pour deux piastres et tout était dans les mêmes proportions; mais depuis, ces coquins ont haussé leurs prix, ce qui me met dans l'embarras, car souvent nos ressources ne sont pas au niveau de notre appétit.

Comment se nourrir convenablement, aujourd'hui que les poulets valent de 75 à 90 centimes? Il faut reconnaître qu'ils sont énormes.

Hier, j'ai pu offrir à mes camarades un potage à la tortue (imitation Champeaux), — et un plat royal, des nids d'hirondelles.

Mais à certains jours notre table est d'un frugal!... la salade, c'est du gazon (très bonne quand même), et, comme le disait un officier, « ces fins becs vont-ils comprendre les difficultés de la situation? on est vite au bout de ses sciences. »

Une autre cause de souci est mon maître coq. Comme il ne peut rendre son tablier, je le soupçonne, ayant fait sauter toutes les anses de tous nos paniers, de majorer cruellement les prix.

Ah! ah! je veux dire à ma sœur que je crois voir poindre, aux côtés est et ouest de mon visage, des favoris! Qu'elle ne me complimente pas trop, ces favoris naissants manifestent une tendance au blond roux! gare à moi, quand elle me verra ainsi! Est ce le voisinage de nos alliés qui leur donne ces tons chauds? Ne me prenez pas pour un fils d'Albion, je vous en prie; néanmoins ceux qui sont ici sont fort bien sous tous les rapports.

« — A quoi pense-t-il? s'écria mon père. Il va se battre et nous conte des balivernes. — J'en suis enchantée, reprit ma mère, cela prouve la liberté, l'élasticité de son esprit. Il me plaît ainsi. »

Mes chers aimés, nous approchons du moment où les affaires graves vont commencer. Le 25 juillet, après avoir embarqué, nous rejoindrons la flotte anglaise qui se trouve à vingt heures d'ici, et alors nous irons tous ensemble débarquer sur un point que personne autre que l'amiral et le général ne connaît.

Toujours est-il qu'on ne pourra débarquer au Peï-ho, car avant d'arriver au fort, il faudrait marcher pendant trois milles dans une vase où l'on risquerait d'enfoncer jusqu'à la tête.

On a reformé les compagnies de débarquement. La marine française fournira un bataillon composé de six compagnies.

Ce bataillon de marine est attaché à la

deuxième brigade commandée par le général Collineau. Je fais partie d'une des compagnies et les hommes qui la composent appartenaient à la *Némésis*, depuis longtemps dans les mers de Cochinchine. C'est pour moi un grand avantage, car les autres compagnies n'ont pas encore vu le feu. Quelle joie d'y conduire ces hommes aguerris, résistants, tous braves!

Il est temps que je prenne contact avec l'ennemi. Ne vous alarmez pas à l'avance. Je prie Dieu, non d'écarter de moi tout danger, mais de faire briller en vous l'espérance qui est en moi.

Lorsque le service n'exige rien, je trouve le temps long. Ah! noble Shakspeare, tu savais lire dans notre esprit en écrivant : *The souls joy in doing.*

Cette guerre, — ajoutait M. de Ké..., — est le mystère de l'avenir. Quand et comment finira-t-elle? Assurément la paix nous coûtera cher.

Je suis content de votre fils et je puis vous dire à son sujet ce qu'un de vos auteurs préférés disait du sien : « C'est un beau jeune homme qui croit en Dieu et n'a pas peur du canon. » Celui qui vous occupe si chèrement garde toute son ardeur, je devrais dire toute sa fougue, s'irritant parfois, d'une manière que je ne puis traduire, des obstacles qui le séparent de son but.

Vous comprenez que, dans cet état de fièvre, les lectures, la musique, les aquarelles, les fusains soient l'objet d'un dédain jusqu'ici inconnu.

J'ai le vif regret de vous annoncer, madame, que mon service me sépare momentanément de lui. Je ferai tout au monde pour ne pas le perdre de vue et je vous le ramènerai fortifié par l'épreuve. Si j'ai embarqué avec un enfant, je rentrerai avec un homme. Attendez-nous, madame, dans la belle et sainte espérance.

Une aussi fâcheuse nouvelle nous troubla, mais nous préoccupa davantage. L'aîné était si nécessaire à l'autre. « Me voici sans affection, — écrivait Robert. — Je l'aimais tout en le craignant. Sa raison m'orientait, son entrain chassait mes découragements. Cet ami sûr et parfait sera toujours mon modèle et restera toujours mon ami. Entre cœurs comme les nôtres, l'amitié ne cesse pas. Vous ne pouvez savoir combien je me sens plus seul, plus loin, car lui c'était un peu vous. Il me faudrait une bonne bataille pour m'occuper. »

V

Camp de Tien-Tsin, 22 septembre 1860.

Le Peï-ho a été pris le 21 août.

Les Anglais et la brigade Collineau se sont dirigés sur le fort nord de Takou. Pendant ce temps, les canonnières françaises et anglaises forçaient l'entrée de la rivière, détruisant les estacades admirablement faites où l'ennemi devait, selon les Chinois, s'abîmer infailliblement.

Pendant que les canonnières les démolissaient, les troupes, prenant le fort à revers, ne tardèrent pas à déployer, sur ces murs si redoutables, les pavillons alliés. La garnison de celui qu'on avait attaqué se composait de l'élite des troupes tartares. Ce succès leur fit comprendre qu'il leur serait impossible de mieux défendre les autres forts. Ils nous les abandonnèrent.

Nous, compagnies de débarquement, fûmes mises en garnison dans ces forts. Une fois établis, nous y avons vécu d'une façon très agréable, comparativement à notre vie précédente. Nous avons trouvé des glacières, et les Chinois de Takou nous approvisionnent de vivres moyennant quelques vieux habits et de vieilles peaux de mouton. En un mot, nous nageons dans l'abondance.

Le Peï-ho occupé, il ne restait qu'une ressource qui était d'obtenir un traité. En conséquence on partit immédiatement pour Tien-Tsin avec les ambassadeurs.

Les plénipotentiaires mandarins (je ne sais quels sont leurs titres) vinrent s'entendre avec le baron Gros et lord Elgin.

Les clauses du traité furent établies. Quand il s'est agi d'apposer les sceaux du souverain, ces coquins-là nous ont appris qu'ils ne les avaient pas et qu'ils n'étaient pas plénipotentiaires de l'Empire (7 septembre). Il y eut alors un défilé de mandarins tous plus humbles les uns que les autres; les négociations reprises et rompues restèrent un certain temps encore sans solution.

« Le plénipotentiaire Koué-Liang possédait bien le sceau impérial, mais n'avait pas les pleins pouvoirs, cela exprimé dans un style patelin, innocent, obséquieux dont les diplomates chinois ont le génie et le secret. Le général Montauban tenait dans ses mains patientes le rameau d'olivier; la mauvaise foi, l'indécision ou l'ignorance du cabinet de Pékin en avaient arraché tant de feuilles (1). »

Rien n'était donc terminé, raconte ensuite Robert Le Brieux; les troupes se dirigent vers Pékin. La violation du droit des gens exige des actes énergiques et nous sommes tout enfiévrés à la pensée d'un certain nombre de Français et d'Anglais victimes d'une trahison odieuse et d'une cruauté non moins odieuse.

M. Parkes, consul anglais, et un Français, M. d'Escayrac de Lauture, chef d'une mission scientifique, un autre Anglais, M. Wade ou Vardes, secrétaire interprète, allant à Toung-Tcheou suivis d'une escorte de quinze à dix-huit hommes, furent emmenés et faits prisonniers. (18 septembre.)

Réclamations ardentes de la part des

(1) M. Charles Lavollée, *Revue des Deux Mondes*, 1er avril 1865.

chefs alliés, fallacieuses promesses des Tartares. Voilà où nous en sommes. Une telle action vaut des représailles, et la barbarie, la cruauté avec laquelle furent traités les prisonniers sont odieuses et révoltantes. Leur souffrance me fait mal. Nous arrivons à Pékin décidés à tout, l'artillerie établit ses batteries. Brûlera-t-on la capitale du milieu, ne la brûlera-t-on pas? *That is the question.* Je crois qu'on la brûlera. La vengeance nous enflamme. Nous sommes prêts à tout (1).

(1) Le comte d'Escayrac de Lauture était un homme de valeur, un savant distingué. En 1860, l'empereur lui confia une mission scientifique en Chine et le gouvernement l'accréditait auprès du général en chef de l'armée d'expédition. Soixante personnes, officiers, diplomates, soldats européens devaient l'accompagner; la plupart furent attaqués, massacrés. M. d'Escayrac était du nombre des six Français qui survécurent. S'étant un peu éloigné de son groupe, il fut entouré d'une foule furieuse; sans moyen de défense, il s'écria : trahison... trahison! France. France! à moi. Foulé aux pieds, il devint la proie d'ennemis implacables qui le martyrisèrent... « Je poussai le cri de : Vive l'Empereur! la France me vengera, et d'une voix plus basse je priai Dieu de prendre ma vie en expiation de mes fautes. »

Le prince Kong, frère de l'empereur, prévenu qu'on allait mettre à mort les prisonniers, hâta leur élar-

Une rage sourde grandit en moi, en nous tous. Jamais semblable élan. L'armée ennemie est poursuivie, traquée, harcelée, battue, vaincue. Un long cri s'élève : Pékin a capitulé, Pékin est pris. Cette cité aux mille palais, où toutes les splendeurs du luxe impérial étaient réunies, tomba entre nos mains vengeresses et triomphantes.

Les troupes alliées se portèrent vers le

gissement. A côté de M. d'Escayrac étaient MM. Parkes et Loch, ainsi que les pauvres soldats qui avaient survécu.

« Quelques minutes plus tard, dit M. d'Escayrac, quatre habits rouges et quatre baïonnettes anglaises se dressèrent devant nous. A cette vue mon cœur fut inondé de joie. Ces quatre baïonnettes, c'était la porte de ma maison, et derrière cette porte, ma famille, mon pays, mes amis, et cette armée française, si chère à tous ceux qui ont partagé, ne fût-ce qu'un instant, ses rudes labeurs et ses noblee aspirations... »

Arrivés au camp français, les prisonniers furent reçus avec joie et honneur. Le général Collineau adressa ces paroles à M. d'Escayrac. « C'est Dieu qui vous a sauvé, nous n'en étions pas capables. » « Je suis loin, répondit-il, de regretter ces quelques heures d'épreuve... je crois qu'elles m'ont rendu meilleur; dans cette campagne odieuse j'avais fait la cure de l'orgueil. » *Moniteur universel*, 1er janvier 1861. *M. d'Escayrac*, par Saint-Martin. M.-J. Andrieux, Noyon, 1885.

nord de la ville, où l'on disait que se trouvait l'armée. Cette armée avait disparu.

L'empereur (Tu-duc) a fui. Les Tartares sont en nombre bien supérieur au nôtre. Qu'importe, nous nous précipitons pour les réduire à zéro... Ils ont disparu. Nous nous reprécipitons à leur poursuite, mais vainement, point d'ennemis. Dans cette course, la colonne arrive en face du palais d'été de l'empereur (Yuen-Min-Yuen).

Quand je dis nous, c'est par confraternité, pure alliance de sentiment, car je parle des terrestres seulement. Les marins rentrent sur leurs bateaux où ils apprennent, que ce ou ces palais de l'empereur ont été envahis les 7 et 8 octobre. Les troupes du général Cousin-Montauban y campent!... Pas de commentaires, s'il vous plaît.

Que de trésors jetés au vent... que de perles, de laques, de jade, de merveilles d'art, d'antiquité, que de richesses entassées depuis des siècles dans ce palais, résidence préférée des souverains. On a affirmé que l'ordre de destruction fut donné par lord Elgin.

Rien n'était lamentable, mais curieux, comme ce pillage. J'ai vu des soldats anglais payer deux ou trois piastres des bijoux d'une valeur inestimable. Pour s'approprier plus *de butin*, ils firent de leurs larges pantalons de larges poches, en serrant l'étoffe à leurs chevilles. Ces écrins improvisés contenaient des merveilles.

Avec nos économies, pauvres midships, nous leur avons *acheté*, mon ami Russell de Bedford et moi, quelques objets, car nos mains à *nous marins* sont nettes. C'est pourquoi je me permets de vous tendre les miennes.

Cependant nous ne sommes pas venus en Chine pour voir saccager et flamber des palais, mais pour sentir l'odeur de la poudre.

Après une négociation honorable de notre part, tortueuse de la part de l'ennemi, des traités d'amitié (?), de commerce et de navigation furent enfin signés. Notre ambassadeur, le baron Gros, joignit à sa fermeté une remarquable et digne attitude. Lord Elgin (1) pour l'Angleterre, le prince de Kong pour la Chine signèrent, le 25 octobre 1860, la convention de Pékin.

Les cimetières, les églises furent rendus aux catholiques; dans cette ville de Pékin, irréductible ennemie, et au milieu d'une population foncièrement hostile aux Européens, le chant du *Te Deum* se fit entendre dans la cathédrale. Nous y avons tous assisté avec un bonheur, une fierté qui se pressentent plus qu'ils ne s'expriment. C'est une vraie gloire française. Mais la vieille haine de l'ennemi se retrouvera toujours. L'avenir le prouvera (2).

(1) Violent jusqu'à l'injure, lord Elgin avait, on doit le reconnaître, des idées de justice; pour perpétuer le souvenir de l'attentat contre M. d'Escayrac, il exigea avec une âpreté extrême que les Chinois érigeassent un monument sur lequel seraient inscrites la date et les circonstances de cet attentat. Ce projet n'eut pas de suite.

(2) L'avenir l'a prouvé. « Il n'y aura, disait l'amiral

L'armée et la flotte anglaise se séparèrent de notre armée et de notre flotte. Nos forces se divisèrent en deux escadres; la première, commandée par le vice-amiral Protet, resta en Chine pour le maintien des conventions et la seconde devint le corps expéditionnaire de Cochinchine, sous l'autorité supérieure et générale de l'amiral Charner. Le contre-amiral Page (1) eut le commandement de la flottille et mit son pavillon sur *la Renommée*. Je vis à l'ombre de ses plis, moi, chétif aspirant, en passe de devenir quelqu'un, de faire quelque chose pour mon pays, de l'honorer!...

Courbet en 1885, pas une puissance européenne qui avec ses propres forces pourra de nouveau lutter avec les Chinois. Leur but est de chasser les Européens de leur pays. La Chine aux Chinois est le mot d'ordre du céleste empire. » (Cité par M. DE LA FAYE dans son ouvrage sur *l'Amiral Courbet*, p. 348.)

Leur haine pour les chrétiens dépassait encore leur hostilité politique. « En Chine, écrivait M. Louis de Carné, les catholiques tremblent toujours. » *Conquête du Mékong*, par M. L. DE CARNÉ.

(1) Malgré la différence des grades, une vive amitié s'établit entre lui et mon frère

Tout est prévu, ordonné, aucune hésitation dans le plan, aucune confusion dans les services. Sans irrésolution on peut aller de l'avant et... vaincre.

Si je n'étais venu ici que pour apprendre mon métier, ce serait déjà une belle avance. La valeur de mes chefs, la précision et la fermeté de leurs paroles, leur sang-froid donnent confiance et m'imposent un respect justifié. Vous en jugez, j'ai le feu sacré... et je ne puis voir sans admiration nos officiers donner des ordres sages et sûrs, régner par leur autorité, leur capacité, le beau dédain de leur existence, tout entière soumise au devoir. J'ai eu avec M. de Surville une conversation qui me prouve sa valeur, l'élévation de son âme, la hauteur de ses vues. Autour de moi des officiers de vaisseaux parmi lesquels la Roncière Le Noury, que vous connaissez, des Varannes, Protet, de Lapelin et combien d'autres! Il faudra valoir ce qu'ils valent, devenir ce qu'ils sont. Vive la France et la Marine!

Notre flotte est imposante. Le commandant général fait débarquer l'armée de terre et je vais marcher avec ma compagnie.

Je suis heureux et je veux vous le dire avant l'attaque.

Malgré la rude température de l'hiver, l'expédition poursuivait son cours. Les fleuves, les canaux charriaient des glaçons, ce qui rendait la navigation lente et difficile; les travaux, excessivement durs, ne furent pas arrêtés néanmoins. Les hommes et le matériel de guerre furent transportés sans interruption, mais au prix de quelles souffrances! A cette rigueur de la saison devait succéder bientôt une température opposée et extrême. « Le soleil fut aussi un ennemi redoutable. »

L'armée de terre commandée par le général Cousin-Montauban entra dans Saïgon où, depuis un mois, le commandant d'Ariès, capitaine de vaisseau, tenait en échec une nombreuse armée annamite, alors qu'il n'avait que 800 hommes et la garnison espagnole, 200 à peine. C'était une sorte de captivité étroite et périlleuse. Saura-t-on jamais ce que valait le petit groupe d'hommes qui entouraient Pékin...

Le 7 février 1861, la frégate amirale jeta l'ancre devant Saïgon. Au moment de débarquer, le commandant en chef (1) remit ses pouvoirs à M. de Surville, capitaine de vaisseau. Aussitôt à terre, il établit son quartier général dans un espace étendu nommé la plaine des Tombeaux. Sur cette plaine s'élevaient quatre pagodes ou redoutes nous appartenant et conservant de nombreux vestiges de leurs précédents possesseurs. L'armée y fut cantonnée ainsi que les services qui devaient la soutenir. Armée restreinte quant au nombre (2), mais admirable : une poignée de héros.

La concentration des forces était au point voulu. De son côté, l'ennemi achevait des travaux considérables devant lesquels de médiocres courages auraient cédé. Leurs retran-

(1) L'amiral Charner avait le contre-amiral Laffon de Labedat pour chef d'état-major et le capitaine de Cools, chef d'escadre.

(2) Quatre mille hommes : infanterie, artillerie, fusiliers marins et cent cinquante à deux cents Espagnols.

chements s'appelaient les lignes de Ki-oa ou Ki-hoa.

VI

Le 24 février, à 4 heures du matin, les clairons sonnent au drapeau.

Il faisait nuit noire; lorsque le soleil éclaira l'horizon, ses rayons éblouissants tombèrent sur la colonne en marche. « Si l'attaque est vive, la résistance sera forte et soutenue. » Les retranchements furent enlevés d'assaut avec intrépidité, un élan superbe, malgré une si longue attente à découvert (1).

(1) La lutte, par le temps qu'elle durait, par le redoublement de l'attaque et de la défense, prenait un caractère sinistre et de plus en plus acharné. Les cris avaient cessé, la crépitation non interrompue de la fusillade, le bruit aigu des balles, quelquefois, mais rarement, l'imprécation ou le cri de douleur d'un mourant attestaient seuls le choc furieux de deux volontés.
L'enseigne Lareignière eut le flanc gauche emporté. On entendit peu de blessés se plaindre, ils étaient simples et admirables... pas une parole de désespoir ou de regret de mourir si loin de la France. Leur

Le combat dura jusqu'à neuf heures et la victoire fut chèrement payée (1). Les blessés furent conduits à l'ambulance de Cho-Quan, quelques-uns à l'hôpital de Saïgon.

Aussitôt après le combat, M. Manein, ingénieur hydrographe, levant le plan de la bataille, s'approcha des morts laissés sur le terrain. Il vit que l'un d'eux respirait encore. Le sang coulait de ses lèvres. M. Manein l'emporta dans ses bras. C'était mon frère (2).

contenance attesta jusqu'au bout la valeur morale de l'armée de Cochinchine.

L'amiral remercia l'armée de la générosité avec laquelle, depuis le premier jusqu'au plus humble, chacun avait fait le sacrifice de sa vie; dans un document qui ne distinguait aucun grade, il distribua à un petit nombre la louange publique de l'ordre du jour. Aucune décoration ne valait alors une citation. Mais en Cochinchine, quelle valeur n'avaient pas ces marques publiques d'estime! C'était la consolation de ceux qui combattaient sur une terre éloignée, de penser que ces paroles du chef dépasseraient le petit cercle expéditionnaire, qu'elles traverseraient les mers, que leurs amis les rediraient. L'exil, les privations alors n'étaient plus des maux : un regard de la France les consolait » (Pallu, *Expédition de Cochinchine.*)

(1) Quoique notre feu soit très bien mené, qu'il soit accéléré et supérieur — l'action dura longtemps. — Le feu devient précis, le feu est vif, le feu se concentre.

(2) Faut-il croire aux pressentiments? Le matin de

« A huit heures et demie, écrit M. Hamon, c'est-à-dire à la fin de l'action, il avait reçu au côté gauche une balle qui, après avoir froissé les enveloppes cardiaques, se logea sur le diaphragme (d'où elle ne put jamais être extraite). Dans la salle où on le déposa, les médecins allaient rapidement de l'un à l'autre, obligés souvent de négliger un homme qu'ils considéraient comme perdu pour donner leurs soins à ceux qu'ils espéraient sauver.

En passant près de lui, le chirurgien, M. Le Noury, se pencha et, ayant examiné sa blessure, s'éloignait en lui murmurant un adieu, lorsque le pauvre blessé, qui comprenait tout ce qui se passait autour de lui, eut la force de faire un mouvement de la main comme pour un appel suprême, assez à temps pour être aperçu du chirurgien qui

ce jour il disait à un de ses camarades de colonne : « J'aurai, comme mon père, le bras emporté. » C'est en voulant faire de sa main un abri contre les rayons de l'ardent soleil, qu'il découvrit sa poitrine.

revint. Mon ami était sauvé, grâce à son énergie. »

La France retentit de ce fait d'armes. Les journaux donnèrent le chiffre des combattants, nommant les officiers blessés ou morts. Parmi les premiers nous vîmes le nom de Le Brieux, précédant ces mots : « blessé très grièvement d'une balle dans la poitrine, mis à l'ordre du jour ». Comprenez, si vous le pouvez, ce qui se passa en nous... Figurez-vous les heures qui suivirent, puis les journées, les nuits, les semaines... Nous avons vécu ainsi pendant un mois, trente jours !...

La vie semblait suspendue à un seul espoir, et cet espoir s'affaiblissait avec le temps qui passait. « S'il est mort, j'en mourrai », disait mon père.

Quant à ma mère, je n'ai pas d'expression pour peindre son tourment. Depuis son retour d'Italie, elle était dans une sorte d'accablement ressemblant à de l'indifférence religieuse. La douleur l'avait séparée du ciel, elle y revint par la douleur ; elle priait et pleurait. Une nouvelle blessure ravive toujours les blessures anciennes et, comme l'apôtre, elle demandait « à Dieu de lui épargner les tribulations qu'elle pouvait encore supporter ».

Les paquebots se succédaient sans rien nous apporter et, lorsqu'ils étaient annoncés, ma mère ne pouvait maîtriser une anxiété bien compréhensible; loin de la satisfaire, les courriers aggravaient son angoisse. Les journaux seuls donnaient leurs nouvelles; les *Débats* reproduisirent une correspondance dont une phrase nous bouleversa : « Tous les blessés ont pu être transportés des ambulances à bord, à l'exception d'un officier de *la Renommée*, aspirant de deuxième classe, dont l'état est très grave (1). »

Mon père partit aussitôt pour Paris afin de connaître la source de cette nouvelle et se renseigner au ministère. Le lendemain même de son départ, notre vieux domestique vint de très bonne heure frapper chez ma mère : « Madame, un employé de la poste apporte une lettre de Chine, non affranchie. La voici. »

(1) Le colonel espagnol Palança y Guytérez, blessé non moins grièvement, fut dirigé sur Caï-Maï et conduit à l'hôpital de Cho-Quan.

M. Le Brieux, à Dijon.

Ambulance de Saïgon,
26 février 1861.

Mon père,

Quelle bonne nouvelle! je suis blessé très légèrement. Je suis en pleine convalescence (1). Une balle s'est logée chez moi sous l'aisselle gauche; que personne ne s'inquiète.

Soyez tous aussi heureux que moi. Il est certain que je vais rentrer en France et il est probable que j'aurai la croix. Avant vingt ans, la croix!

Je suis fatigué. A bientôt.

Quelles paroles pourraient exprimer notre émotion... L'écriture était très changée, à peine formée, les mots péniblement achevés par

(1) Il écrivit cette lettre le surlendemain de la bataille!

un trait. — Hé bien, tant on a besoin d'espérer — le fait seul de le savoir vivant nous transportait. Cependant que d'indices auraient dû ouvrir notre âme à l'effroi! Mais non, c'est incroyable.

Mon père revint le lendemain, nous lui avions télégraphié la lettre tout entière. A son retour, nous en recommençâmes la lecture; l'émotion qui nous avait saisies tout d'abord ne nous permettait pas de nous apercevoir que notre sécurité était sans doute exagérée; mais ses réflexions très justes réveillèrent nos soupçons. Le pauvre enfant nous avait-il bien tout dit? N'avait-il pas seulement voulu écarter de nous les angoisses de la vérité? N'avions-nous pas trop aveuglément accepté une réalité si conforme à nos ardents désirs? Qu'était cette réalité, et depuis l'envoi de cette lettre, que s'était-il passé? Qu'avions-nous à espérer? Qu'avions-nous à craindre? *Son printemps aurait-il sombré au champ d'honneur?* (1)

(1) Parole citée du discours de Mgr Dadolle à la cérémonie de la Croix-Rouge, — Dijon, 2 avril 1908.

Madame Le Brieux, à Dijon.

Hôpital de Saïgon, 26 mars 1861,

Madame,

Si je ne vous ai pas écrit plus tôt, c'est que l'aile de la mort m'a effleuré (1).

Parlons de votre fils. Si vous l'aviez vu allant au feu!... Une inflexible résolution se révélait dans toute sa personne. Impossible de décrire ce qui se passe en nous à ce moment. C'est effroyable, c'est suprême. Je ne dis pas assez, car c'est un mystère.

Le matin du 24 février, en pleine nuit, nous nous rencontrons, lui venant des pagodes, moi de Saïgon (2). « Embrasse-moi »,

(1) Combien furent, comme lui, victimes de l'implacable soleil de Cochinchine!

(2) Des officiers venus de Saïgon s'avancent rapidement sur la route et échangent avec ceux qui passent un mot d'adieu ou une poignée de main... Une vibra-

lui dis-je. Nous tombons dans les bras l'un de l'autre. *Poor dear*. Cela dura une seconde, je n'eus pas à lui répéter la parole célèbre : *va et bats-toi bien*.

L'action s'engagea terrible, meurtrière, et se termina vers 9 heures, au moment où le soleil dardait ses feux. Dans la journée, j'allai à l'ambulance et jetai un regard autour de moi sur quelques malheureux frappés mortellement ou défigurés par d'atroces blessures. Les balles annamites sont faites en grande partie de petits fragments ou lingots de métal qui déchirent par des hachures; ils emploient un engin redoutable nommé gingol ou gingoles, bourré de ces fragments. Du reste ils sont bien pourvus d'armes.

Je ne le vis pas. Mais quel spectacle ! Que de râles, que de souffrances ! L'air était lourd, comme imprégné d'odeur de sang, la chaleur suffocante.

tion cuivrée, qui s'allonge en sifflant et en bourdonnant, bondit dans la plaine.

Il en arrivait toujours. Je vis apporter un être inanimé. C'était lui.

Par une protection manifeste de la Providence, il avait échappé à la mort épouvantable d'un blessé oublié sur le champ de bataille. Deux médecins, dont l'un est son ami (Le Noury), sondèrent la blessure : « Il est perdu, dirent-ils ensemble, la balle a perforé le poumon gauche. »

Si je vous dis cela, madame, c'est pour vous faire sentir qu'il est revenu de bien loin, et que la bonté de Dieu est inépuisable.

Il passait de syncope en syncope. Tout à coup, ouvrant les yeux, il prononça ce seul mot : *Maman*. De nouveau il perdit connaissance et lorsque l'évanouissement cessa, il murmura dans un sifflement de sa poitrine trouée :

— Ils en mourront tous les trois, je veux leur écrire encore une fois, ces pauvres chers.
— Et le drapeau ?...

— Vainqueur, répondis-je.

Avec quelle peine il traça quelques lignes. Sa pauvre lettre (s'il l'avait su!) n'a pu partir par le premier courrier, et les journaux ont dû vous apprendre l'affaire de Ki-Oa. Quelle torture pour vous tous!...

Vous savez que l'abbé Ricardi est avec nous. Aussitôt après l'arrivée de votre fils à l'hôpital, il vint auprès de lui, restèrent longtemps ensemble, causant tout bas...

Je vous le répète, vous reverrez votre fils, bien faible encore, mais vous le reverrez. On va l'embarquer sur la *Dryade* qui part dans vingt-quatre heures. (16 mai 1861.)

J'aurais désiré partir avec lui, mais mon état semble s'aggraver. Si je reviens en France, vous voudrez bien, madame, me recevoir. »

Il ne revint pas en France. L'idéal qui l'avait soutenu le porta au-dessus de la détresse humaine. A trente ans, plein d'avenir, d'espérance, admiré, aimé pour ses qualités et ses dons plus encore que pour sa rare beauté, il mourut seul, absolument seul, sans avoir les consolations de l'amitié, ni celles de la religion, ni sépulture en terre natale; excepté Dieu, tout lui manqua, *il mourut de la mort des justes,* « n'ayant pour l'assister à cette heure suprême que sa foi profonde et la résignation des grandes âmes (1). » Eut-il, selon l'expression de l'amiral Grivel (2) : « les visions et les rayonnements de la mort? » — Vision de bienheureuse éternité, oui, mais des rayonnements!!...

Plusieurs semaines s'écoulèrent avant que ma mère apprît à son fils la dure certitude d'une séparation sans appel. « Cela blesse plus qu'une balle », murmura-t-il dans ses sanglots. — Sans en parler jamais, il garda de cet ami « inoubliable et parfait » une sorte de présence invisible très douce, que le temps lui-même, ce grand guérisseur des chagrins, sembla respecter.

Ce fut par cette lettre que nous apprîmes le transport de Robert sur la *Dryade*. Sa fièvre ne cédait pas, ni la faiblesse qui continuait extrême.

(1) Cité de M. A. H...

(2) *Un marin, vice-amiral Grivel,* par M. Félix JULIEN, 1883.

Il mourra pendant la traversée, disait le médecin du bord.

Commandé par M. de Surville qui avait inspiré à mon frère un sentiment de particulière estime et de chaude affection, le bâtiment devait relâcher à Aden où il arriva aux dernières heures du jour. Aussitôt l'ancre tombée, les dépêches lui furent remises. Dans le nombre se trouvait une lettre confidentielle de l'amiral Hamelin, au sujet du jeune aspirant, « sa conduite mérite la croix ».

Le lendemain, dès quatre heures du matin, M. de Surville entra dans sa cabine. Je vous réveille trop tôt, mais c'est un bon réveil. Détachant sa croix, la posant sur la poitrine du blessé, il l'embrassa : « Je vous donne l'accolade que reçoit de son parrain tout chevalier de la Légion d'honneur. »

« Nous ne savons plus, écrivait l'amiral Jurien de la Gravière ce que vaut la première décoration. C'est une distinction plus flatteuse que tout. » A cet âge, cette décoration de mon frère lui valut à peine un *soupir*. Aucune fierté n'émut son cœur, nulle lueur heureuse ne rayonna de ses yeux...

« Commandant, je voudrais le faire savoir à ma mère. Si je meurs avant d'arriver en France, ma famille aura eu cette joie. »

Il se trompait. Rien ne pourrait nous réjouir s'il n'existait plus.

Nous avons de nouveau connu les alternatives de l'attente. Nous allâmes le chercher à Toulon. Lorsque le sémaphore eut signalé son bâtiment, nous montâmes dans le canot du préfet maritime que le contre-amiral Dupouy avait mis à notre disposition. Le vaisseau s'approchait, mais lentement, très lentement (1). Nos cœurs battaient à se rompre... Il était sur le pont, regardant ardemment cette terre bénie, sa chère France qui allait le recevoir. Ignorant notre présence, il ne nous cherchait pas. Aussi lorsqu'il nous aperçut un indicible cri de joie traversa l'espace. C'eût été le bonheur, mais il était effroyablement changé, pour d'autres que nous, méconnaissable. — Je le sauverai, dit sa mère.

(1) 25 mai 1861.

III

GUERRE DE FRANCE

1870

GUERRE DE FRANCE

1870

J'ai vu ce que vaut un homme
de foi pour vivre et pour mourir.

De la campagne de Chine à la guerre de France, dix années s'écoulèrent sans que ce fût une période de paix; l'expédition du Mexique marqua cette époque d'un retentissement d'armes qui provoqua la désapprobation populaire. Cette secousse politique devait, sinon nous frapper, du moins nous atteindre de nouveau.

I

L'état de Robert Le Brieux nécessita un congé plusieurs fois renouvelé; il passa toute une année en France, dans notre maison, où si rarement nous étions réunis. La première partie de cette année s'écoula, pour lui, dans des souffrances presque continuelles, et pour nous dans la crainte de le perdre; aussi, lorsqu'il recouvra la santé, ce nous fut une joie inattendue à laquelle tout d'abord nous n'osions croire, tant l'inquiétude nous était devenue habituelle.

Aussitôt que Robert put voyager, nous partîmes tous les deux. « La montagne nous attirait, » nous allions à la montagne, c'est-à-dire en Suisse, en Haute-Savoie, sans but déterminé, n'ayant souci ni des guides, ni du bien-être, à l'aise dans les chalets au bois bruni par le soleil. Le temps était merveilleusement beau. L'atmosphère d'une transparence sans égale permettait de voir, du point le plus éloigné, les hautes cimes couvertes de neige et les prairies en pleine floraison estivale.

Après les montagnes, après les plateaux, les vallées tranquilles, nous arrivions au lac de Genève à l'heure la plus éclatante de ce jour de ravissement!... En voguant sur le Léman profond et calme, nous avions un but supérieur à celui de prolonger les belles visions : aussitôt débarqué, Robert se mit à la recherche de M. Henri Dunant que mon père, ainsi qu'on l'a vu plus haut, connaissait et aimait depuis leur providentielle rencontre à Solférino.

Mon frère ne put joindre celui qu'il souhaitait tant de connaître ; retiré à Eiden, dans le canton de Saint-Gall, M. Dunant, alors en voyage, ne s'y trouvait pas. « En voilà une malchance, que dira père? »

Nous restâmes quelques jours encore dans ces régions si belles, où rien ne nous lassait, au contraire : Robert avait des ailes, et voulait voir *tout,* comme s'il pressentait « la fugacité des heures exquises ». Malgré le nombre des années écoulées, la douceur d'exister, alors ressentie, m'est encore présente, comme celle d'une halte reposante dans une route péniblement suivie. Néanmoins la tendresse filiale nous rappelait au foyer où, dans leur mélancolie, nous attendaient notre père et notre mère. Le charme d'être là, paisibles, ensemble, nous fit bientôt préférer ce coin tranquille aux choses superbes, mais inanimées; à ce moment nous nous trouvions relativement heureux : on oubliait un peu, on espérait encore.

Mon frère acheva ainsi son temps de convalescence, animant notre intérieur par son affection expansive, la verve et les saillies de son esprit. Sa joie de vivre, sa confiance dans l'avenir passaient en nos âmes, avec sa gaîté communicative. Il voyait tout en beau, se sentait renaître à l'action, réjoui des lauriers cueillis dans sa vingtième année et qu'il regardait sans vaine prétention, s'étonnant qu'on pût louer sa bravoure. — On n'en parle pas, c'est tout simple. — « Il est modeste comme il n'est plus permis de l'être, à quoi sert? » — disait un aspirant. Ses forces retrouvées, sa virilité, l'indépendance d'un homme qui s'affirme par ses actes, faisaient du jeune officier de vaisseau, blessé et décoré, une intéressante personnalité. L'épreuve récente, fermement subie, devait nécessairement le mûrir et ce fut avec l'idée d'un devoir à remplir qu'il demanda et obtint un embarquement. A côté de ce généreux entraînement, on peut ajouter qu'il « avait la nostalgie de l'espace, l'ivresse de l'inconnu ». Retrouver la vie de bord avec ses émotions, ses tristesses, ses gaîtés — lui souriait après l'inaction des derniers mois. Que nous sommes mobiles!... Rejetés une fois encore dans l'effacement de notre solitude, nous reprîmes la correspondance que sa présence avait interrompue.

A ma famille.

Je voudrais être poète, compositeur, peintre, pour vous faire sentir ce que je garde en moi de doux et de fort, de triste mais de radieux.

J'étais revenu vers vous pour mourir et vous m'avez fait revivre.

Cette vie dont je jouis aujourd'hui, je vous la dois doublement, de nouveau je me livre à la mer que j'aime aussi. Mon bateau, un joli aviso, s'appelle le *Passe-Partout*.

Si je ne vous vois plus écrivez-moi, si je suis loin aimez-moi. »

Il vécut deux années dans l'admirable azur des mers méridionales, deux années brillantes et heureuses, les plus heureuses peut-être de son existence. Tout semblait lui sourire, les choses et les hommes : son commandant, M. Sibour, — d'ancienne famille nîmoise, — affable, instruit, bien élevé. Le second, M. Roustan (1), d'avenir certain, d'esprit brillant, ouvert et gai. A cet ensemble se joignait un attrait singulier et on pouvait lui appliquer ce vers de Guyau :

Jeune, charmant, traînant tous les cœurs après soi.

Ainsi composé, l'état-major laissa de son passage des traces d'amabilité et de courtoisie. Le léger aviso s'arrêtait aux petites villes du littoral; on y descendait pour reprendre un peu par intermittence les causeries spirituelles et joyeuses de la vie mondaine. Les visites, la danse, la musique, occupaient leurs instants à terre. Ajouterai-je que les échos de la belle Provence, cet Orient de la France, auraient pu répéter quelques propos d'amour? « La jeunesse est la jeunesse partout », disait un ancien officier qui se souvenait d'avoir été jeune et beau, heureux de vivre.

Les années vinrent, les grades aussi. L'aspect des choses varia sensiblement. Changeant de bâtiments, de milieux, d'horizons, on passait

(1) Alors enseigne de vaisseau. Décédé en 1896 avec le grade de contre-amiral.

de la Méditerranée à l'Océan, de l'Océan à des mers plus lointaines. Les climats, où il devait rester un certain temps, la configuration du sol qu'il foulait, ses ressources, ses richesses, — les races comme les mœurs — différaient, ce qui intéressait Robert, portait son esprit ardent et curieux à l'observation : — Je prends des notes sur tout ce que je vois et j'entends.

Sa constitution ou plus exactement son être physique se transformait. Les brises et les embruns de la mer avaient donné à son visage un ton viril, une mâle vigueur. Ces belles années marquaient en force toute sa personne. Sans avoir une nature d'exception, Le Brieux était doué de capacités qui pouvaient aider singulièrement sa position d'officier de marine : le vouloir, la résolution, l'initiative, le sang-froid nécessaire à celui qui doit commander. On l'a vu courageux jusqu'à la témérité, résolu, enthousiaste et dévoué à ceux qu'il aimait, malgré une certaine réserve particulière aux natures délicates, trop sensibles. Dans un ordre différent, le goût des lettres, une culture d'esprit sérieuse et variée, lui donnaient de réelles satisfactions. Artiste, il le fut dans le sens qui rend l'homme défiant de soi. Le talent, dit Buffon, n'est qu'une grande aptitude à la patience, et je dois reconnaître que cette aptitude lui manquait totalement. Mécontent et colère, il jetait brosses et couleurs, lacérant ses toiles, déchirant ses fusains ; à peine si, au retour des voyages, nous trouvions dans ses portefeuilles quelques aquarelles sauvées du sacrifice. Je le vis en terminer une, cherchant la perfection, afin de la rendre digne des beaux yeux qui la devaient regarder.

Pendant ses congés il se promenait beaucoup, de préférence dans les bois, où sa finesse de vision doublait ses impressions, souvent fugitives; pour lui le chêne était un poème, le bouleau un rêve. Autour de nous il trouvait des effets à saisir, à reproduire. Un après-midi, son chevalet installé, il peignait avec joie, sans souci de ce qui se passait autour de lui ; soudain une voix prononce : « Ces arbres sont bons, mais pas le ciel. »

Violent, irrité, d'un coup de pied il bouscule son établissement, jette sa cigarette et, farouche,

(1) Vue de Tananarive.

se tournant vers l'inconnu, l'œil en feu : De quel droit? — Hé, hé! du droit de Corot, lui fut-il doucement répondu. La bonne figure de l'artiste s'éclaira d'un sourire et tout finit par une embrassade « dont je fus singulièrement heureux, fier, ému surtout ».

Tel fut le début de relations précieuses et chères au marin. Invité par Corot, il allait peindre à côté de lui, préférant ces heures aux réceptions du mercredi, rue Paradis-Poissonnière. « Je ne sais pas de probité plus réelle, d'artiste plus sincère, d'homme aussi modeste, de cœur meilleur et plus généreux. » Le maître et l'élève s'entendaient fort bien. « Tout de même, il ne faut pas lui marcher sur le pied, il a du sang dans les veines, ça bout. »

Un matin, à l'heure divine du travail, Corot fut interrompu par un importun. « Maître, reconnaissez-vous cette toile? — Ça, mais c'est un faux. Qui est-ce qui a pu faire cela? — C'est X..., vous devriez le faire arrêter. — Faire arrêter X..., vous n'y pensez pas, il serait déshonoré! C'est un père de famille. » Prenant la contrefaçon, Corot en quelques coups de pinceau la transforme et la signe : « Allez, rendez-lui sa toile et qu'il ne recommence plus (1). »

Très divers, très agissant, Robert se créait des ressources en mer comme sur terre; passionné pour la musique, il apprenait les notes à ses matelots :

« Je m'occupe d'eux. Intéressants, doux et rudes à la fois, êtres primitifs, foncièrement honnêtes, touchés de la plus petite marque d'intérêt. Le soir je leur enseigne le chant par la méthode Chevé. Ils forment un chœur, et ce chœur n'est pas trop mal pour des débutants qui se sont seulement exercés au lutrin de leur église. Ce qui surtout les réjouit, c'est le point d'orgue précédant le quart que je leur fais donner. Vous savez ce qu'est le quart?

Ne sont-ils pas plus heureux que nous? ignorant les responsabilités dont ils ne comprendraient ni la grandeur saine ni l'attrait, ni le souffle puissant qui nous enlève au-dessus de la médiocrité de notre moi.

(1) Et d'autres recommencèrent.

Ils ne souffrent pas de l'exil comme nous en souffrons, je l'espère du moins pour eux...

En lui la vie faisait son œuvre, mais œuvre incomplète, car la mort devait le saisir avant qu'il eût la sage expérience des choses et de l'humanité. La mer sur laquelle il passa tant d'années le préserva de la science décevante du monde. « Toute la candeur du marin se révèle dans ses entretiens intimes. On dirait un Triton sorti le matin même de sa grotte de cristal. Il n'est pas de ce monde et notre globe de fange est un pays étranger pour lui. La plupart du temps, il n'en soupçonne pas les embûches, et s'avance sur un terrain semé de fondrières avec l'enthousiasme et la foi naïve du pèlerin (1). »

Il est inexact de dire que nous perdons nos illusions : nous en changeons. Le Brieux conserva longtemps les siennes, sut garder intacte la foi en autrui, le respect, la bonne opinion de ses semblables; une telle manière de voir

(1) Jurien de la Gravière. — La naïveté, fleur de jeunesse, se transforme comme le fruit mûrissant.

n'est pas de notre époque, j'en conviens, mais cet optimisme est moins rare qu'on le pense, dans les natures de cette trempe. Ce qui le portait au-dessus de l'envie, du doute blessant, des jugements sévères, des soucis déprimants, c'était sa loyauté, une réelle bonté. S'il jouissait de bien des choses, il en souffrait; âme profonde, concentrée ou subitement expansive; mélancolique, rêveur, anxieux, tourmenté, se bouleversant d'émotion, de sensibilité intense, exigeant de soi, insatisfait de ses efforts..... « Connaîtrai-je un jour la fière joie d'avoir bien agi, très bien fait? » Était-il heureux de ses dons? Recherchant passionnément le bonheur — dont nous avons tous le besoin foncier — s'épuisant dans cette course vaine, de l'allégresse il tombait dans l'ennui, cet ennui qui est, selon Bossuet, l'inexorable fond de la vie. Pour se soustraire à un tel dissolvant, il mettait dans tous ses actes une sorte de hâte. « Aimant les périls, plus pour eux-mêmes que pour le fruit qu'on en retire, préférant à des biens acquis, le changement, l'incertitude et les risques (1) », ce désir l'empor-

(1) Tacite.

tait sans calcul. Tout ce qui le faisait penser, comprendre, lui semblait désirable, tout ce qu'il pressentait d'inconnu, il l'imaginait superbe... Besoin de ce qui dure, ardeur pour ce qui passe!...

A M. Hamon.

Sur la *Pallas*, 1862, juillet.

Tendre ami, je m'en vais vers un pays incomparable. On l'appelle le Paradis, non celui de Mahomet, ni celui que nous promet notre religion. (Je n'en plaisanterais pas.) Je t'écrirai de là des lettres à te donner regret et envie.

Les lettres destinées à exciter de tels sentiments ne se firent pas attendre. Dans ce récit, il doit exister certaines lacunes fâcheuses mais pardonnables, car ces lointains souvenirs, présents quant aux faits, le sont moins comme dates, et l'époque des différents voyages de l'officier de marine semble sinon se confondre, du moins s'intervertir.

A M. Hamon.

Doux ami, oui, Valparaiso est bien un paradis, — terrestre, — d'une enchanteresse beauté, des fleurs éclatantes aux parfums étranges, violents. Un air tempéré par la brise de mer, une douceur de climat incomparable... le soir et la nuit (dans la journée il fait très chaud). On ne se rencontre, on ne se visite qu'à ces heures-là. Beaucoup de bals, beaucoup de jeunesse, les jeunes filles, des enfants de quinze ans, en paraissent vingt-cinq; bien élevées, cependant on les désigne ainsi : la Laura, la Flora, la Rosa. On ne parle pas ainsi de nos sœurs, hein? Ce ne sont pas des intellectuelles, leur conversation se borne à des phrases toutes faites, puériles ou insignifiantes. Elles se savent jolies, cela leur suffit. Ah! nos Parisiennes, moins belles peut-être, mais si gracieuses, cultivées et fines! Je ne sais pas le temps que nous passerons ici. Qu'importe, partout j'ai mes obligations de bord, mes souvenirs, mes lettres de France, l'espoir très vivace d'y vivre encore. Adieu, ami, à quoi te sert d'avoir une écritoire?

A Me Le Brieux — quelques lignes pour réclamer, provoquer une de tes chères lettres. — Notre séjour ici a été court et charmant — mais il est temps de fuir... « nous avons dépensé gaiement la moitié de nos appointements d'un mois et donné une haute idée des danseurs français... » ensemble nous avions beaucoup d'esprit...

Nous appareillons demain pour cingler vers les îles Marquises et aborder à Taïti.

Il s'en alla, naviguant sur le Pacifique dont il traversait les immenses solitudes — rien que le ciel et l'eau. — Les ombres du soir succèdent au plus grand éclat. Ah! combien juste cette pensée de Pascal : Nous avons en nous notre soleil et nos brouillards. Avant que les brouillards s'étendissent sur lui, Robert devait jouir de clairs rayons du jour. Mais silencieux, le plus souvent, il se dérobait à toute curiosité. Ses camarades ne voyaient que la surface, il tient, disaient-ils à ne pas s'extérioriser. L'un d'eux, d'esprit gaulois, écrivait ainsi :

En rade, Taïti-Papéite.

Quand Le Brieux n'a pas flamberge au poing, c'est un excursionniste enragé; lorsqu'il n'a pas de montagne à gravir, de précipices à franchir, il se déclare l'ami des arts.

A Valparaiso on jouait de la mandoline, il avait une mandoline et chantait en langue espagnole.

Il dessine, il peint, et versifie lorsqu'il est en mer; sur terre il contemple la belle nature.

En ce moment, nous le soupçonnons d'être aux pieds d'une idole moins insensible (la suave Aimata) et de brûler sur son autel un encens très flatteur.

S'il m'entendait, il m'enverrait à tous les diables. Baste! ne sommes-nous pas tous les mêmes dans la marine, amoureux pendant la paix, amoureux pendant la guerre, mais cette fois de notre patrie, ne sacrifiant ni nos principes, ni nos devoirs à nos plaisirs?

Alors hurrah pour la France, la marine, la jeunesse!... « Le soleil est doux, l'air subtil, léger et plein d'un bonheur un peu grisant. » Tendons nos voiles.

II

M. Robert Le Brieux à Mme Le Brieux.

Ile de Taïti.

Chère mère, depuis quarante-huit heures nous sommes dans le royaume de la reine

Pomaré, Pomaré IV, de son petit nom Aimata. Il est joli, ce prénom. Sur cet être, — si différent de nos Françaises, — d'aspect dur et sombre, de couleur aussi, on ne peut mettre d'âge.

Fort laide, tout à fait laide, elle a quelque chose cependant de remarquable : entre les yeux, remontant jusqu'à la naissance des cheveux s'est creusé un sillon profond, pli de volonté qui dénote son énergie (1).

J'ai le temps de vous raconter la réception que nous lui fîmes avant-hier à bord; — l'équipage eut grand'peine à tenir son sérieux, — *ça, une reine?*

(1) En effet, c'est Pomaré IV qui, se débattant entre des oppositions religieuses non moins absolues que les avidités inavouées de quelques puissances maritimes, demanda et obtint, en 1844, le protectorat de la France, réservant toutes les libertés. Missions extérieures de la marine. — *Protectorat de la France à Taïti.* — Jurien de la Gravière, *Revue des Deux Mondes*, 15 juillet 1853. — L'influence de Pomaré dans l'archipel est considérable. Cette femme dont on s'est tant moqué n'est vraiment pas une femme ordinaire. — V. *Amiral du Petit-Thouars*, 22.

M. Pomaré, — de son nom Ariifaité, — était en grande tenue : pantalon flottant en étoffe de soie changeante, verte et jaune, veste ronde en coutil gris, épaulettes, képi, sabre de garde national. Il était beau, trop beau, et en jouissait au superlatif. On riait sous cape.

Le lendemain, hier, la reine nous reçut à son tour. Réception suivie d'une revue, revue suivie d'un gala que nous offrit Sa Majesté, entourée du prince époux et de ses fils (1), deux grands garçons pas trop mal vraiment.

M. Pomaré surtout fixa notre attention. Même tenue décorative que la veille. Il était si fier, si heureux d'être beau, qu'un large rire épanouissait sa bonne face, et sa tête énorme, vulgaire, ronde et réjouie

(1) Lorsqu'elle parle de ces derniers, elle dit très drôlement : « ma dynastie ». Quant au prince-époux, son admiration pour lui est sans bornes : « J'ai épousé le plus bel homme de mon royaume. » Mais ce bel homme était aussi le plus léger de la création.

complète l'ensemble bouffon de sa personne.

Mais la reine! Excepté deux yeux vifs, elle n'a rien du sexe féminin.

On ne peut dire qu'elle soit taillée à coups de hache, ce qui donnerait l'idée d'un modelé quelconque. Non. C'est une masse énorme couverte d'un vaste fourreau d'étoffe de soie noire serré au cou, cachant ses pieds : en a-t-elle des pieds? *Chi lo sa.*

Quant à des mains, elle en a : larges, épaisses, et elle s'en sert avec plus de force que de grâce ou d'élégance. Pour dîner, nous étions tous assis sur le sol, en rond, — elle au milieu, — et on la vit avec stupéfaction dépecer un petit cochon rôti sans se servir d'aucun instrument. Ses mains avaient tout fait, et c'est du bout de ses doigts ruisselants qu'elle nous en distribua les membres. Nous mourions de faim.

Les dames de la maison royale assistaient à la fête, parfumées, gantées, coiffées de chapeaux de paille d'Italie, jolis spécimens du genre parisien offerts par l'Impératrice à la reine pour les femmes les plus distinguées de sa cour; mais on n'avait pas indiqué la manière de s'en servir et ce que vous portez sur la nuque, — le bavolet, je crois, — batifolait sur des fronts basanés.

Elles se croyaient irrésistibles. Que de sourires et de mines, d'oripeaux et de bijoux! Que de poses, de regards provocants! A leurs compliments il fallait répondre par des compliments, — sans cela on nous aurait assimilés à des sauvages.

Parlons du bal!... quelle musique, quelles danses, quelles femmes!... Ce n'étaient ni des nymphes, ni des sylphides qu'il fallait entraîner, enlever; quel tourbillon vertigineux, très fatigant, mais sans danger pour le cœur, je t'assure, maman.

Si les dames de *haut parage* étaient peu séduisantes, il en était d'autres — et combien d'autres!

« Je n'ai rien vu d'aussi gracieux — écrit l'amiral du Petit-Thouars — que ces Taïtiennes... elles ne songent qu'à leurs plaisirs et à leur parure — et se divertissent sur la plage où l'on se promène habituellement. — Ce ne sont alors que des cris de joie et des chants, des danses... Pendant quelques jours on a une tendance presque invincible à abuser de tous ces dons que la Providence a prodigués là avec tant de profusion. Rien n'approche de la beauté de cette race polynésienne. »

Quelques jours après, mon frère écrivait :

L'île est riante, couverte de fleurs admirables et d'arbres gigantesques. Mais ce n'est pas la grande et imposante nature, pas de rochers inaccessibles, partant point de ces grandes ombres où la pensée se recueille. L'éclat du jour est excessif, presque brutal, un ciel bleu trop foncé... puis la dégradation de la lumière, le crépuscule. Ah! quelle heure exquise! C'est un effet de perle de nacre, d'opale, de corail, de rubis; sur ce fond mouvant on croirait assister à la danse de gemmes éparpillées (ne trouves-tu pas, maman, que je parle comme un joaillier)?

Toutes ces vapeurs nuancées se fondent dans l'embrasement général du ciel et de la mer; l'astre universel disparaît dans sa gloire et devant cette gamme des couleurs on est transporté.

Ces rencontres de lumière et d'ombres me sont une exprimable joie. Je suis seul devant l'immensité!

Chers aimés, nous appareillons demain. Vogue ma barque vers d'autres cieux, à d'autres bonheurs.

Soave — Austero.

Suavité et austérité —

Soave, l'enthousiasme de la jeunesse à cette heure émerveillée de l'existence. Soave les horizons ouverts à ses regards.

Soave les élans du cœur, les joies idéales,

tout ce qui est vrai, tout ce qui est beau, tout ce qui charme, tout ce qui chante. Soave la vie à son printemps, à sa foi ardente, à ses ambitions, à ses espérances...

Austero, les réalités cruelles de cette vie assombrie, ses mécomptes, ses désillusions, la souffrance, — toute la souffrance, — ses chagrins, ses deuils.

Austero — la guerre!

II

On se battait au Mexique (1). Personne n'a oublié l'impopularité de cette guerre, sa longueur, ses difficultés, la formation et la chute d'un empire éphémère. On sait quel fut le rôle de la marine pendant cette campagne, rôle ingrat, le plus souvent suivi d'insuccès. Tout

(1) Lettres du colonel Loizillon. Paris, 1890. — *Au Mexique*, par le prince G. Bibesco.

était à vaincre : les hommes, les idées, les choses. Nous avions eu pour mon frère une lettre adressée au général Forey; à travers ces grands espaces il ne put le joindre et ne pénétra pas dans les Terres-Chaudes.

Néanmoins, je ne regrette rien, car j'ai hâte d'arriver à mon poste, de faire quelque chose de sérieux, pour la mère patrie.

J'ai trouvé les officiers Miot (1), Cloué (2), Collet, de Tessan (3), ils représentent fièrement notre France, lui font honneur : infatigables, intrépides, je les admire, même je les envie. Les lieutenants de vaisseau Bruat et Le Helloco sont ici. L'inaction dans laquelle se passent la plupart des journées m'est odieuse. Je me dévore.

Les communications sont difficiles, pas de routes, aucun tracé; une chaleur tor-

(1) Commandant l'*Adonis*.

(2) Le vrai chef de la marine.

(3) Enseigne de vaisseau — très brave — sa résistance fut héroïque.

ride pendant le jour, la nuit on gèle.

Tout va lentement, combien de temps resterons-nous dans cet affreux Mexique?

Tout était contre nous : la méfiance ouverte et soutenue des uns, le manque d'entente, d'unité dans les chefs d'armée, les ordres imprécis, contradictoires.

Puis des maladies inévitables dans un climat aussi malsain; aucune prévoyance ni direction dans le service de santé; ni ambulances, ni médicaments, dans un pays où la fièvre jaune est endémique.

Pas de moyens de transport pour les blessés, nos médecins et chirurgiens se voyaient paralysés et luttaient contre le découragement des infortunés confiés à leurs soins. Les forces de l'armée décroissaient autant par les maladies et la mort que par les combats. (Mon pauvre frère eut un accès de fièvre jaune qui le laissa longtemps languissant; s'il put vaincre le mal, il en conserva l'empreinte.)

« L'amiral Jurien de la Gravière est nommé directeur général des armées de terre et de la flotte, l'abbé de Ribains est aumônier, son ministère sera dur, ici on meurt comme des mouches (1). Nous suivons cette désastreuse campagne (2).

J'ai entendu dire que Détroyat était des nôtres. Puissé-je le rencontrer, lui si français, si ardent dans son patriotisme, si loyal dans ses affections, aimant passionnément son métier de marin. C'est un charmeur, j'aurais besoin de son entrain, car je me trouve aplati, sombré jusqu'au troisième dessous. Affreux Mexique ! Et ceux qui m'entourent ne sont pas plus crânes. »

En janvier 1863 il assista au combat d'Aca-

(1) M. de Ribains mourut de la fièvre jaune, deux mois après.

(2) Le Mexique ! cette rencontre de tant d'intérêts, de tant d'ambitions personnelles — Colonel LOIZILLON, 221. — On n'a jamais cru à l'honorabilité de nos procédés. — Nous étions aux prises avec toutes les difficultés, les mauvais vouloirs. Les vols, les rapines, des brigands sur toutes les routes, en un mot une campagne sans gloire; l'homme aux cheveux d'or semblait se dérober. On parle de Puebla comme d'un paradis. Dieu veuille que nous ne le perdions pas !...

pulco et fit partie, en novembre 1864, de l'expédition de Mazatlan — ne reçut aucune blessure.

A la fin de 1865, Robert rentra en France.

Je reviens, nous écrivait-il, accablé d'ennui : l'insuccès de cette déplorable guerre du Mexique, l'incurie, l'inconsistance coupable de ceux qui conduisent les affaires me jettent hors de moi, et j'entends dire que la marine est irresponsable, que les erreurs politiques ne peuvent lui incomber (1)!...

Ah! qu'il me tarde d'être auprès de vous, d'oublier ces choses, de me reposer enfin *at home*, car je me trouve sans force, sans ressort.

Perdrait-il courage? murmurait son père.

Une aussi longue absence, des fatigues extrêmes, ce dernier mécontentement vivement ressenti devaient, non seulement affaiblir le

(1) « Les entreprises maritimes sont, plus que d'autres, sujettes aux malentendus, vu la lenteur des communications. »

physique de Robert, mais porter atteinte à sa confiance, jusqu'ici entière; un doute blessant succédait à son admiration. Malgré tant de causes de découragement il ne s'abandonnait pas et luttait vaillamment contre la diminution de ses forces. « Il faut être d'acier, disait l'amiral Touchard, pour résister à notre vie. » Mais le vent des côtes emportait ces paroles sages, la jeunesse se croit invulnérable. Qui ne sait le dur labeur des marins? Combien d'entre eux, mortellement atteints, sont enlevés dans toute leur vigueur ou en pleine maturité, à la veille des actes définitifs et personnels. Ils tressaillent des plus fermes ardeurs, alors que la mort les marque inexorablement d'une frappe ineffaçable.

Au retour des longs voyages, vraies battues des mers, l'officier de marine rentre las et content au foyer de famille. Le silence de la maison tranquille pénètre et repose l'errant des lointains : « Mère, qu'il fait bon ici! c'est une paix divine. — *Parva domus, Magna qui es.* » Cette maison, s'il y eût longtemps vécu, peut-être l'eût-il trouvée trop étroite; mais dans la longueur du chemin, ces haltes rares et courtes lui étaient salutaires, très douces. Sous notre toit il parlait d'avoir un foyer *à lui* et pensait à l'adorable présence d'une femme aimée, de petits enfants. Il souriait à ces chères visions, idéal des fanatiques du drapeau, toujours prêts à se battre mais entre deux combats rêvant des plus saintes joies; réaliserait-il un jour ce rêve d'un bonheur familial?

« Je ne veux pas décourager la jeunesse, écrivait un amiral, mais mais on doit reconnaître qu'étant dans la marine il faut s'attendre à pratiquer la vertu du sacrifice... femme de marin, femme de chagrin » — *pas toutes.*

Ne pourrais-je pas, écrivait Robert à son ami Hamon, servir honorablement mon pays par l'application de mon esprit, la pratique de mes études, ce que j'ai acquis de connaissances, appris par mon contact avec mes semblables, ce que j'ai vu et connu dans mes voyages, observé, compris, comparé? Serais-je forcément un inutile sur la terre? Un oisif? Jamais.

Écoute, cher ami dévoué, je suis à un

tournant de la vie où l'âme se trouble et perd le meilleur de ses facultés. La confiance en soi s'altère, la volonté elle-même semble osciller (1) et je flotte indécis, incertain, comme si ma vie s'assombrissait d'inexprimables regrets, d'impuissants désirs. Cet état physique fatigue l'esprit et le creuse, j'ai besoin d'un travail de tête, d'intelligence.

Tu perds le nord, mon fistot, répondait le sage ami, laisse là ces billevesées de ton imagination ou tu es... perdu. Aimons notre métier, que diable! il est beau! Reprends la mer, reprends-toi surtout.

Faisant appel à son énergie, il répondit :

Tu as peut-être raison, brave ami. J'ai lâchement cédé à la battue à l'oiseau qui m'enlevait jusqu'au vouloir vivre (2) puis le

(1) Il est inutile de chercher sur ce sujet plus de clarté qu'il n'en a voulu mettre. Peut-on pénétrer jusqu'au foyer de la vie intérieure, saisir les nuances de l'âme?

(2) « La foi est la mère de l'action. » — M. DE VOGÜÉ.

vieil homme n'est pas si mort en moi que je le croyais. La mer m'ouvre ses flancs. Je m'y abandonne. Là, ni politique, ni intérêts mesquins, ni intrigues. « Ces couleuvres du doute » m'ont non seulement enserré, mais révolté, dégoûté. L'inconnaissance de cet état est un bien si réel! — et ce bien, je l'ai perdu! « Il n'y a rien de plus débilitant pour les âmes les mieux trempées que le doute » (1).

D'un vigoureux coup d'ailes, Robert remonta la pente (2) et demanda un embarquement. A son insu, l'idée des lointains le hantait; quand on a, comme lui, goûté à cette vie-là, elle vous laisse au fond des yeux et du souvenir un mirage et une saveur étranges, rudes et suaves à la fois. Au printemps de 1868, M. Hamon s'embarqua pour la Chine alors que mon frère fut envoyé dans les Indes. Leur correspondance se renoua aussitôt avec ce privilège des amitiés complètes et rares : on se disait tout.

(1) *La réforme de la marine* par Gabriel CHARMES, 1886.
(2) Il ne se remettra jamais de ce coup, disait son père.

Robert Le Brieux à M. Hamon

Saint-Denis, 5 octobre 1868.

Ami, tu es un affreux gredin, tu me laisses, le cœur battant, attendre par le dernier courrier une lettre de toi et rien ne vient! J'ai dit « gredin » et ne me rétracte pas.

Et par un autre paquebot :

Ici les séjours ont trop peu duré! Les belles choses vues trop vite ne sauraient me suffire. Il me faut de toute splendeur une jouissance plus longue, et partant plus grande par le bonheur de l'analyse.

Je n'ai pas eu à Bombay une seule journée à moi tout seul pour aller me planter dans une de ces rues pleines de mouvement, aux maisons bizarres, aux colonnettes de vieux bois sculpté, peintes en couleurs criardes quand on en examine une, mais produisant, juxtaposées, des effets éclatants et pas du tout discordants.

Là, j'ai vu de splendides représentations de l'intérieur de l'Inde; des temples immenses, colossaux, sont creusés dans le roc avec des statues et colonnes intégrantes de la pierre. Colonnes et statues sont d'une ampleur, d'une majesté parfaite et superbe, sans approcher néanmoins de la statuaire grecque. Quel travail pour la conception du plan, que d'années pour l'achèvement du temple!... Quel regret de n'avoir pas plus de temps pour rapporter des esquisses de ces choses si peu connues.

A M. Henri Hamon.

15 novembre 1869.

Peut-être, dans quelques mois vais-je demander un congé de convalescence. J'ai réellement besoin de repos, tant pour mon corps que pour mon esprit — ou mon cœur

— comme tu voudras. Ne ris pas en m'entendant parler comme un enfant : à chaque âge correspond une douleur possible.

J'ai rapporté de mon dernier séjour à la maison une crainte qui se transforme en inquiétude : mon père me semble moins fort.

Moi-même, je ne suis plus un chêne. Pauvre roseau, ce dernier embarquement m'a singulièrement éprouvé (1).

Ce projet de retour n'est pas encore complètement arrêté. J'en serais cependant bien heureux. Mais, chut, chut! il faut parler bas de ses bonheurs : comme un rêve ils pourraient s'envoler. Adieu, ami.

Oui, un rêve. Robert revint en France (2) affaibli, très changé. Un long repos lui était nécessaire. Nous en constations déjà le premier effet lorsque retentit ce cri de guerre : *France contre Prusse.*

(1) « Guérir, et guérir, grand Dieu, c'est revoir la France! » (*du Petit-Thouars,* 94.) Il se sentait atteint, peut-être plus encore au moral qu'au physique.

(2) 20 mai 1870.

III

Le pays tout entier tressaillit. Je vis alors une vraie douleur, douleur impuissante, d'autant plus sensible, — celle de mon père : « Je ne puis plus combattre !... »

L'émotion de Robert fut grande aussi, mais tout autre : ce qu'il voulait, il le pouvait. Revenu des Indes un mois avant, il était au début d'un congé de convalescence; sa fièvre persistait. Le 14 juillet, jour de la déclaration de guerre, tout changea. Il s'exalta (1). Si le temps l'avait frappé de son empreinte, l'âme en pleine vigueur restait la même, ardente, généreuse, mais ne frémissait plus d'impatience comme naguère. — Son énergie raisonnée faisait sa volonté plus ferme, moins passionnée.

Se rendant aussitôt à Paris il sollicita pour

(1) Capable d'essor, il retrouva des forces inattendues d'audace et de patience.

entrer dans la flotte de la Baltique. Il n'y avait plus de place, l'état-major de chaque vaisseau étant complet. En face des obstacles il s'obstina et lutta contre l'impossible. « Dussé-je remuer ciel et terre, je veux partir. »

Et il partit comme officier de choix de l'amiral Bonie, commandant le *Rochambeau*. Le soir de ce jour qu'il appelait un jour heureux, il télégraphia ainsi :

Père, j'embarque dans douze heures.

La lettre qui suivait nous apprit que la flotte s'ébranlait. L'escadre du Nord était commandée par l'amiral Fourichon, celle de la Baltique par l'amiral Bouët-Willaumez.

Pensez à moi sans reproche. Je ne pouvais, je ne devais plus rester. Vous-mêmes ne l'auriez pas voulu. Ma mère ne me retint pas, cela dit tout. Attendez-moi après la victoire. Tendres respects.

La victoire ! on y croyait. En quinze jours, Paris se transforma ; ses boulevards roulaient des flots humains; colère mouvante, ardeur patriotique, enthousiasme. Tout se confondait, ce fut un délire, une folie. La Prusse à combattre, la Prusse envahissante, jadis humiliée et vaincue, aujourd'hui provocante et détestée. Les populations de l'Est assistaient au passage incessant de notre armée et du matériel de guerre. Des canons, des chevaux, des troupes, il en passait toujours. Les hommes partaient dans un transport d'espoir. Il en passait toujours, toujours, jusqu'à l'heure où un morne silence vint remplacer les chants prématurés de triomphe et de gloire.

Au bord du Rhin on fut massacré. Puis on battit en retraite... Oh! ce retour! Nous vîmes les revenants lamentables de cette lutte terrible. Et l'armée et l'Empereur! Tout s'engouffra dans des catastrophes successives. L'Allemagne cherchait sa grandeur dans sa vengeance; elle s'étendit, semblable à un torrent, ravageant et ruinant tout sur son passage.

Les villages en feu, les habitants chassés à coups de crosse ou fusillés. Un silence de mort remplaçant la vie active et saine des campagnes. Je ne parle ni de l'Alsace, ni de la Lorraine!!!

Les ennemis se répandirent dans le Nord, dans l'Ouest et dans le centre de notre pays. On sait comment Chanzy et Faidherbe, Charette et Cathelineau réunirent les débris de notre armée, enlevèrent les paysans; l'amiral Jaurès et l'amiral Jauréguiberry se mirent à la tête des marins revenus de la Baltique.

Paris fut investi et condamné à toutes les misères, à toutes les détresses, — d'ailleurs héroïquement supportées, — d'un siège de plusieurs mois.

Cherbourg, escadre de la Baltique,
10 novembre 1870.

Mon père,

Nous rentrons la rage dans le cœur. Les deux flottes sont revenues sans avoir connu l'action!

« Les vaisseaux allemands s'étant naturellement dérobés, on dut se borner à de platoniques croisières. L'escadre de Bouët-Villaumez n'envoya pas un obus sur le littoral de la Baltique; l'escadre de Fourichon ne tira pas un coup de canon sur les côtes de la mer du

Nord. L'une et l'autre, battues par l'ouragan, avaient rallié Cherbourg dès le 29 septembre (1). »

Cherbourg, novembre 1870.

Ma mère,

Nous sommes depuis notre retour dans une anxiété croissante. Qu'ont-ils fait de la France, de l'armée. Qu'allons-nous devenir (2)? Ce que je sais bien, de toute ma volonté, de toute ma force, de toute mon âme, c'est que je veux agir, nous venger. Courage, espoir en Dieu, disons ensemble : Vive la France. Comment va mon père?

Son père! S'il était au-dessus des déceptions de la vie, il n'était pas au-dessus de ses dou-

(1) M. Henri Houssaye.

(2) Nous habitions une ville occupée et cette lettre ne nous parvint qu'après l'armistice. Nous étions sûrs du moral de Robert; ne nous avait-il pas dit au moment de son départ : « Dans ces circonstances, faisons preuve d'un courage surhumain et ajoutons avec les Anglais : Celui qui ne fait pas tout son devoir ne le fait pas du tout. »

leurs, et celles que la guerre actuelle devait lui infliger furent indicibles. Je l'ai vu, non pas accablé, mais torturé. Sa capacité de souffrir ne pouvait plus être dépassée. En effet, qui n'a pas subi la guerre ne sait pas la force d'amour que peut inspirer la patrie, et il en gardait le culte exalté. « On mourrait pour la sauver, on voudrait lui donner tout ! » Cet amour grandit des anxiétés souffertes et à souffrir ; mon père les connut toutes.

Je me souviendrai toujours de son empressement à parler à l'Empereur, lorsque la fatalité le conduisit en Allemagne. Affecté au dernier point de l'acte par lequel la France allait au-devant du plus grand des malheurs (1), Napoléon III répondit par un regard navré, presque désespéré, aux vœux de paix et de gloire exprimés par son vieux et fidèle serviteur ; dans le vagon impérial, Canrobert se tenait debout entre le souverain et son fils. « Emmenez-moi, monsieur le maréchal. — Hé ! n'en avez-vous

(1) On comprend que les questions politiques, alors passionnantes, soient réservées ; de même les convictions, opinions très diverses. Néanmoins un certain désaccord s'était naguère manifesté entre le père et le fils. — « Tu aimes l'empereur ! disait ce dernier ; moi, non. »

pas assez? » et se tournant vers Napoléon, il répéta avec sa liberté de paroles : ce s... f... officier n'en aura donc jamais assez ! — Ce fut la dernière fois que mon père vit l'Empereur. Après la défaite, après nos revers, après Sedan, il versa les plus amères larmes de sa vie. « Ah ! servir — servir ! »

IV

La seconde armée de la Loire se composait de divers éléments : soldats, mobiles, matelots. Qui ne sait son histoire, ses efforts, ses insuccès, son héroïsme, sa résistance ?... Ne mangeant plus, ne dormant plus, n'espérant plus, les hommes perdaient toutes leurs forces. Par ce froid, mal vêtus, mal chaussés, ils marchaient dans la boue, dans la neige, y tombaient pour dormir, — y mouraient. — Chaque jour on combattait sous une pluie de fer et de feu.

Le deuxième corps d'armée réunissait plusieurs équipages des navires revenus de la Baltique. C'étaient les *fusiliers marins*, commandés par l'amiral Jaurès. Mon frère était à la tête de ses matelots et avait pour chef le colonel du Temple, capitaine de frégate. Nous ignorions tout ce qui le concernait : réduits aux conjectures, les plus extrêmes nous semblaient possibles. Blessé? mourant? laissé sur un champ de bataille comme autrefois en Extrême-Orient?... Tout était admissible. Dans l'ignorance à laquelle nous étions condamnés, nous ne savions que deux choses : la victoire pour *eux*, la défaite pour nous, pas de détails, pas de lettres, pas de journaux, rien. Ceux qui n'ont pas vécu alors ne peuvent me comprendre.

Robert Le Brieux au colonel B...

Décembre 1870.

« Mon ami, impossible de rien savoir de ma famille. Si tu le peux, envoie-leur cette lettre. Te parviendra-t-elle dans le désarroi où nous sommes?

Que deviendrons-nous? Que fera-t-on de

notre malheureux pays frappé, écrasé, si résistant encore? Tu le sais, je ferai tout pour le défendre, mes forces soutiendront mon patriotisme qui se décuple; je me sens vibrant de douleur et de volonté... Dans cette lutte contre un sort implacable, ce que je vois soutient mon espoir, j'allais dire mon moral. Juge.

Nos infortunés matelots, dont la mer est l'élément, font chaque jour des étapes insensées. Ils ne se plaignent de rien (1). Je les admire, je les aime, si nous n'avons qu'un peu de chocolat on le partage, les officiers, comme les hommes, n'en ont guère.

(1) « Les marins, admirables de sang-froid. Sans précipitation, sans hésitation, ils obéissent à des chefs qu'ils respectent. » Le commandant et les états-majors ayant le sentiment de leurs devoirs et leur mission se considèrent tour à tour comme les chefs et les pères de leurs matelots. *Souvenirs du général* DU BARAIL. *Un marin*, vice-amiral GRIVEL, 27.

« Ce ne sont pas les épaulettes qui imposent, c'est l'homme qui les porte. Mais quand le grade est rehaussé par la valeur de celui qui l'occupe, ce n'est plus seulement le respect et l'obéissance, c'est l'admiration et le dévouement. » M. Henri HOUSSAYE.

On souffre, mais on souffre ensemble. Aussi quelle confiance ils ont en nous! Ce sont des enfants pour la soumission, des barres de fer pour le devoir, le courage, l'impassibilité devant la mort. Animés de toutes les vertus patriotiques, ils ont les pieds en sang, mais ils vont où on les envoie sans murmurer, sans discuter nos ordres. Ils marcheront ainsi à l'ennemi, à la mort, simplement, car rien ne les enlève, ni ambition, ni enthousiasme.

Pour eux, pas de livre d'or, ni citation à l'ordre du jour, rien ne les transporte; je me trompe. Ils ont un idéal, leur foi sublime. Leur abbé, M. du Maral'ack (1), sait parler leur patois, presque une langue. Ils se confessent, entendent la messe; d'une roche dont il balaie la neige, ou d'un tambour, ce prêtre admirable, cet apôtre fait un autel, tous ses *gars* viennent s'y agenouiller, c'est beau.

(1) Beau-frère de l'amiral de la Grandière.

Ensuite, M. du Maral'ack va de l'un à l'autre. Tu sais, il faut entrer au ciel par la grand'porte, — *red eo* (il le faut) — mourir pour mourir, fais-le crânement, en vrai Breton et répète avec moi : *Christianus sum*. Ils peuvent être tués ensuite, pas un ne tremble. Ta main, ami — et *à Dieu vat* (1).

Les 7, 8, 9 et 10 décembre la compagnie des fusiliers marins que commandait Le Brieux se trouvait dans la forêt de Marchenoir où le dégel avait défoncé le terrain ; le fer pleuvait sur nous. « Allons, mes amis, encore un effort. » Le 12 décembre, rapportent les documents allemands, « Chanzy déboucha des positions de Beaugency. Le général duc de Mecklembourg lui opposa la 17e et la 22e compagnie prussiennes et la division bavaroise. La journée fut favorable aux

(1) Un brillant orateur disait naguère : « Le risque de la mort encouru, accepté, bravé, y mêle de la noblesse puisque peut-être n'y a-t-il rien de plus noble à des mortels que de mépriser la mort, » et ailleurs « ce qui importe, c'est moins de conserver une misérable vie que d'en rester maître et de mourir avec un esprit qui domine la mort. »

Allemands (1). Les Allemands l'emportaient par la constitution et la mobilité de leurs corps d'armée. Les légions françaises improvisées allaient bravement au feu, mais elles ne tardèrent pas à reconnaître que leur bravoure était impuissante contre une direction plus habile et contre la cohésion de leurs adversaires. »

C'est contre de telles forces que luttaient les marins, sans aucun espoir de vaincre, mais par un élan que soutenaient l'instinct du devoir et l'habitude de la discipline. Les fusiliers « marins ont formé de véritables bataillons de fer. Ces hommes que la discipline contient si sévèrement sont malléables au possible, adorant leur chef, ayant confiance. » Ce n'était plus par l'autorité, mais par l'influence qu'ils étaient conduits, par quelques mots venant du cœur et allant à leur cœur. « L'homme (2) qui a le don de faire entendre des paroles élevées dans des milieux de douleur est sûr d'être toujours com-

(1) *Guerre de France*, par Rustow, p, 510. Zurich, 1871.

(2) *Pêcheurs de Terre-Neuve. Récit d'un ancien pêcheur*, 87, l'union pour l'action morale, 152, rue de Vaugirard.

pris. » Parmi eux nul ne se déroba, aucun ne faiblit et ils donnèrent jusqu'au dernier effort.

Fragment d'un rapport de l'amiral Jaurès au général Chanzy.

Camp de Bresloup, 16 décembre 1870.

... L'ennemi était dans Freteval et la mousqueterie fut des plus violentes. J'envoyai le colonel du Temple avec deux bataillons se joindre à l'attaque de la gare (de Freteval) et je leur donnai ordre de le reprendre avec le concours d'un bataillon de marine, commandant Collet (1).

Ce dernier bataillon pénétra d'abord dans le village, soutenu par nos bataillons de la gare. Mais l'ennemi était en forces trop

(1) Il y a erreur. Le combat du 14 dura trois heures, le commandant Collet y fut blessé et mourut deux heures après sa blessure. Le 15, le combat recommençait à l'arme blanche; une lutte corps à corps s'engage avec l'ennemi : Allons, il faut absolument réussir, coûte que coûte. *L'armée de la Loire*, par M. Gressert. C'est le 15 décembre que Le Brieux fut blessé.

supérieures pour qu'il fût possible de le débusquer. La nuit vint.

Le lendemain matin le village était attaqué. Les marins ont fait vaillamment leur devoir. Cette attaque nous coûte environ cent hommes hors de combat parmi lesquels se trouvent onze officiers de marine tués ou grièvement blessés.

Mon frère était parmi ces derniers, — une balle lui traversa le genou. — Souffrir pour toi — ô France!...

« Nous étions à Freteval, dans le même bataillon, écrit l'amiral Dupont, alors lieutenant de vaisseau. Il y commandait la deuxième compagnie, et moi la troisième. Nous étions l'un auprès de l'autre et j'ai gardé le souvenir précis de cette nuit d'hiver, où, près de la gare, il fut blessé. Je me souviens de lui avoir donné ma gourde d'eau-de-vie pour empêcher qu'il ne s'évanouît, tant la première douleur fut vive. »

A côté de lui, tombait également son ami de Beausset de Roquefort-Duchesne-d'Arbaud. Sur ce coin de terre rougi par leur sang un grand silence se fit; la soudaineté de leur chute, des douleurs aiguës les rendirent immobiles. Peu à peu, ils reprirent le sens vital, s'appelèrent, se nommèrent, se réjouissant presque de leur fraternelle infortune. « Où es-tu blessé (1)? — A la jambe. — Peux-tu faire un mouvement? — Non. — Alors nous ne pouvons plus rien! » Ils étaient couchés l'un à côté de l'autre, confondus avec les mourants et les morts (2). « Vous vous en tirerez, dit le chirurgien, je m'en vais vers d'autres ».

M. de Beausset (3), alors sous-préfet de..., se

(1) Une balle traversa le genou droit de Robert Le Brieux. — M. de Beausset mourut en décembre 1906, contre-amiral.

(2) Le matériel d'ambulance était resté à Metz.

(3) Notes écrites un mois après la bataille sur le carnet de campagne de Robert: « Passé trois jours à la sous-préfecture de... chez le frère de Beausset, accueil cordial, nous étions là ensemble. C'était encore très triste, mais plus d'horreur, on parle à cœur ouvert de tout ce qu'on a souffert, de ce qu'on peut craindre de l'implacable ennemi. Malgré de si grands malheurs, j'ai éprouvé, — oserai-je le dire? — une jouissance de sybarite à m'endormir dans un lit, dans des draps. On ne s'imagine pas ce que nous avons connu de misères de ce genre depuis que nous errons ainsi. N'est-ce pas l'antique Pindare qui appelait l'eau la première des choses excellentes? Je dis, comme lui, — à défaut de cette eau, nous avions la neige... — Nos pauvres ma-

mit à la recherche de son frère l'officier de marine. Celui-ci, ainsi que son ami Le Brieux, fut transporté à la sous-préfecture. Là, on écrivit sous leur dictée les détails donnés ci-dessus. Après quelques jours de repos dans cette maison amie, notre cher enfant fut conduit à l'hôpital du Mans, où les soins les plus dévoués, les plus intelligents lui furent donnés. « Il était fort triste, mais courageux. Ce n'est pas sur moi que je m'afflige, mais sur mon pays (1). »

La balle qui l'avait frappé rendait impossible tout mouvement de l'articulation. Bientôt l'hôpital fut envahi par de nouveaux blessés et il se fit transporter chez lui, à Brest; « c'est là — dira-t-il plus tard — que j'ai connu par l'amitié une des plus grandes joies de mon existence. Ce mot joie semble une ironie ». Il saurait désormais l'écart qui existe entre les expressions : *bonheur* — *joie*.

Victime des ardeurs de la fièvre, ayant ce

telots ont connu ces privations... Mais qu'est cela?...

(1) Paroles adressées à Sainte-Stéphanie, religieuse de Saint-Vincent de Paul, attachée à l'ambulance Négrier, au Mans. Elle montra un courage admirable. — *L'armée de la Loire*, M. GRESSERT.

regard visionnaire où le réel se confond avec le rêve, il revit, il revécut la lutte acharnée de la veille, repassant tour à tour les grandes épopées guerrières : dans ce recul des siècles, des races, se souvint-il des paroles du poète, au lendemain d'un désastre où la jeunesse de l'Attique et du Péloponèse avait presque tout entière péri : *La Grèce a perdu son printemps.*

Mais la veine gauloise, intarissable, généreuse, se fortifie de ses revers. En 70, les âmes étaient chaudes, les cœurs ardents et jamais on ne vit semblable élan. Les plus heureuses familles donnaient, non sans verser des pleurs, l'espoir et l'orgueil de leur race, et l'amour de leur cœur. Les humbles, s'enivraient de la seule pensée de venger « cette exquise France » (1). — Nous ne savions pas encore l'exercice, mais on marchait avec le drapeau. — A cette coupe des amères saveurs, chacun posa ses lèvres. « J'étais heureux d'agir pour la défense du pays — disait un élève du grand séminaire de Beauvais. »

(1) *Les deux Frances,* par M. SEYPPEL. — Paris, Alcan, 1905.

Robert Le Brieux à Mme M. G... à Genève.

Février.

Madame,

Tout est frappé en moi. Ma pauvre chère France! Mon père, ma mère, ma sœur... Que sont-ils devenus, vivent-ils encore? Tels que je les connais, ces derniers mois ont pu être mortels pour eux.

Je ne sais si je reprendrai ma vie active, s'il ne sera pas nécessaire de m'amputer. Mes pauvres amis du foyer, s'ils existent encore, ne s'en consoleraient jamais.

Ne leur faites rien connaître de mes craintes, ils apprendront toujours trop tôt l'épreuve qui les atteint tous trois dans leur amour pour moi. Veuillez m'écrire ce qu'en Suisse on pense de nous, ce qu'on fait pour nous (1).

(1) La Suisse nous fut hospitalière sans mesure, une vraie sœur de charité. — *Croix-Rouge*, par Maxime du Camp.

Ma blessure ne serait rien si la France était libre. Je peux mourir, nous pouvons tous passer, mais la France, elle, oh! non. J'ai l'âme déchirée!... L'espérance me soutient, mais ne me console pas. — Honte et misère, s'écriait l'amiral Page. Misère, oui — mais point de honte.

V

Mon frère suivait avec perplexité les événements qui se succédaient et dont le cours laissait peu de place à l'espoir. Que dut-il éprouver de la reddition de Paris, des conditions humiliantes qu'il avait fallu subir et de la Commune, en présence de l'ennemi! Alors surgit un devoir dur à remplir, auquel aucun militaire ne put se soustraire.

Bien que sa blessure fît encore plaie vive, notre cher marin, ainsi que ses camarades plus ou moins valides, partit pour Versailles, traversant les plaines désolées où l'on s'était tant battu.

« J'ai vu arriver Le Brieux, nous raconta ensuite M. V... Il était bien faible, surtout très sombre. Le chirurgien qui l'examina ne me cacha pas qu'une retraite prématurée serait la conséquence de sa blessure. »

Il n'avait pas trente ans!...

A la revue qui fut passée le lendemain, le colonel du Temple présenta aux généraux les officiers qui s'étaient le plus particulièrement distingués. Ce jour-là, 23 mai 1871, Le Brieux reçut la croix d'officier de la Légion d'honneur. Au moment de la lui remettre, l'amiral Pothuau, ministre de la marine, hésita : « Depuis combien de temps êtes-vous chevalier? — Depuis dix ans. — Oh! alors! (1).

De ce qui précède nous ne savions rien! toujours rien! Aussitôt que Paris fut ouvert, on

(1) Quelques mois après de sérieuses compensations lui furent proposées, mais en vain. Pendant un an il se renferma dans le silence et les regrets, sans toutefois « nourrir son désespoir de haine ». Le temps passait et un instinct secret vint le soutenir : Je pourrai agir encore! Rester marin?

apporta notre correspondance, toutes nos lettres depuis cinq mois, chacune dans son enveloppe, mais ouvertes d'un coup de canif. Aujourd'hui, l'ennemi les rendait en masse, grevées d'une taxe considérable. L'arrière de tant de mois, l'objet de tant d'attente et d'espoir était là, pêle-mêle... Nous cherchions nerveusement la chère écriture de l'absent. Inutile recherche, le pauvre enfant n'avait pas écrit. Quelle épouvante!...

Mme B. de F... à Mlle Le Brieux.

6 février 1871

Chère amie,

Qu'est-tu devenue depuis si longtemps, dans une telle tourmente? Je viens te dire qu'A. de B... m'a parlé de ton frère dont le genou a été traversé d'une balle aux derniers jours de décembre. Il faisait partie de la seconde armée de la Loire. Si je t'en parle, ma pauvre amie, c'est parce que je peux t'affirmer que le danger est passé.

Voilà donc des nouvelles, mais quelles nouvelles! J'avais lu, relu cette lettre tout bas pendant que mon père et ma mère parcouraient les leurs en se les communiquant. Il s'en trouvait une de M. l'abbé Léon d'Éverlange, une autre de M. de Lockner. Mon père ignorait la belle conduite du lieutenant-colonel de Lockner, commandant la forteresse du Mont-Valérien. Notre génération ne peut avoir oublié par quelle fatalité ce fort, qui est aussi la porte de Paris, fut livré à une troupe insuffisante (1), composée d'éléments fort douteux. Heureusement Lockner était un homme de cœur et d'énergie prêt à faire son devoir, à le faire tout entier, sans reculer devant les responsabilités... Par son initiative et sa fermeté il sauva la forteresse (2).

A côté de celles-ci combien d'autres, précieuses, intéressantes, désirées... Toujours rien

(1) *Histoire de la France contemporaine*, par M. G. Hanotaux, 1er vol., p. 174.

(2) Lettre de Mme B..., née de Lockner. — *Les Convulsions de Paris*, par Maxime du Camp, p. 359. — Rapport du marquis de la Rochethulon, p. 362. — Déposition du général Vinoy dans l'enquête parlementaire. — *L'Armistice et la Commune*, général Vinoy, p. 203.

de lui, dit ma mère en me regardant avec des yeux pleins de larmes, comme s'ils m'interrogeaient. Ces pauvres cœurs n'osaient traduire leur pensée tout entière, tant ils redoutaient un malheur. Il me fut impossible de rejoindre Robert, on ne recevait rien de lui, ni sur lui.!! J'aurais dû parler à mon père, mais je n'osais pas... Quinze jours après, nous nous promenions, ma mère et moi. Entre personnes se connaissant on échangeait quelques paroles. M. D. s'approcha : « Madame, je suis dans la plus grande admiration... — Pourquoi? dit ma mère, déjà inquiète. — Pour la glorieuse mort de monsieur votre fils. » J'expliquai tout, mais de telles anxiétés n'admettent rien. Ma mère ne m'écouta pas et se hâta de rejoindre mon père. Il s'attendrit. Ah! ces larmes d'homme sur ce visage de force et de souffrance!...

« Il faut aller auprès de lui. » Et des passeports?... Mon père se rendit aussitôt à la commandature, et fut introduit dans un salon où des officiers, le verre en main, chantaient leur triomphe. C'étaient partout des fleurs, des branches encore vertes formant sur le mur un trophée d'armes et de drapeaux au centre duquel on lisait ces mots : *Paris capitulirt!...* Lorsque mon père entra, tous ces hommes se turent et se levèrent pour le saluer. S'avançant vers le général, il lui exprima ce qu'il attendait de lui... Mais ce fut en vain (1). *La haine ne comprend pas.*

L'officier français s'en alla, blessé jusqu'au fond de l'être. Ma mère l'attendait, tout à la fois confiante et craintive. Atteints dans un droit aussi sacré, ils eurent un cri d'amertume, presque de malédiction. Tous deux reprirent le chemin de leur triste demeure et s'y enfermèrent dans une sorte de stupeur. De telles secousses aggravaient l'état de mon père et cette affection du cœur allant toujours croissant pesa sur nous désormais de tout le poids d'un chagrin nouveau.

(1) Depuis la reddition de Paris, ne pouvait-on librement circuler en France?

VI

L'occupation étrangère durait. Les régiments allemands sillonnaient les routes, leurs canons encombraient les places publiques, des trains nombreux commençaient à *les* emporter vers la frontière. Cependant notre maison en était encore remplie. Chaque jour, les journaux, naguère bannis de nos demeures, nous apprenaient des faits, dont l'intérêt se doublait parfois de soucis familiers.

Mars 1871.

Je ne puis revenir auprès de vous — écrivait mon frère. — Lorsque vous me direz *il n'y en a plus*, j'arriverai.

Cela ne finissait pas. « Je n'en puis plus de le revoir, » disait mon père. Il rentra, mais dans quelle colère !... Après dix mois de séparation, presque une année de douleurs sans précédent, de défaites sans arrêt, il revenait blessé, mais plus encore meurtri. Sa violence non maîtrisée s'accusait dans son attitude, dans son regard, ses paroles, son geste... Il parlait vite, très vite, quelquefois à voix basse, racontait ce qu'il avait vu, non ce que personnellement il avait souffert. Il disait ce qu'il éprouva de l'implacable pression d'un ennemi enivré de victoire, insatiable dans son orgueil, blessant dans sa défiance. Il parlait sans arrêt, comme s'il vidait son cœur du flot amer qui le submergeait... et toujours ce flot remontait !

Il s'apitoyait sur les malheurs subis et à subir, les souffrances successives, puis les humiliations, et aussi les surprises de chaque jour, les attaques soudaines, la brutalité du conquérant, son âpreté, son insolent triomphe. Il comptait les jours par les défaites — *battus* — *vaincus*, ah !... et ses yeux brûlant d'une ardeur jusque-là concentrée, il fléchit et pleura entre son père et sa mère.

Je les vois encore, l'entourant de tendresse, d'une inexprimable compassion...

« Si tu me laissais parler », lui dit son père.

Ce fut moins violent, mais non moins profond... Je *les* ai vus arriver, passer, partir, d'autres les remplaçaient... Nos canons emportés en Allemagne. . Mon régiment passa, sans armes! — Sedan! l'Empereur... « L'Alsace et la Lorraine, les deux sœurs arrachées au foyer », se révoltant du joug, se défendant du partage! douleurs vaines! Des traités, les officiers ennemis attendaient anxieusement la ratification. Combien ils se montrèrent blessés de la richesse de notre France, mais plus encore regrettaient de n'avoir pas exigé davantage!...

« Si tu allais te reposer », dit ma mère à son fils, en le soutenant, car il faiblissait et marchait péniblement.

A Mme M. G..., à Genève.

20 mai 1871.

Madame,

Ils sont là, sous mes fenêtres, à ma porte, partout, dans nos rues, dans nos églises, sous notre ciel, sous nos toits. Heureux, ils chantent (1)!

On voudrait ne pas les voir et on les entend comme une lourde volée d'oiseaux. C'est, au passage des régiments, un bruit sourd et prolongé. Cela fait mal.

Comment mon pauvre père, si jaloux de la patrie, a-t-il supporté ce long hiver?

Il demanda comment s'écoula l'hiver qui, si rapidement, avait renversé nos attentes de victoire. Jour après jour l'espoir tomba, l'orgueil aussi. Le roi passa, et Bismarck, et la Cour. Le général Manteuffel habita notre maison. — Nous mangerons la France, — osa dire un officier de son état-major. Un autre, son secrétaire, tout jeune enseigne, se permit, chez mon père, de chanter la *Marseillaise*. Avec quelle

(1) « Au fond de soi-même, dans l'asile le plus secret de la mémoire on retrouve l'aigre effet des fifres ironiques » — c'est la retraite. Dans le morne silence des soirs attristés on put noter cette plainte de poésie par laquelle l'Allemand ordonnait impérativemént le couvre-feu. Alors, le jour tombé, la prière à voix basse... les maisons closes : Tout s'éteignait aux foyers de France.

autorité et quelle hauteur ma mère lui imposa siience. Ici, dira-t-il après, les femmes sont courageuses. (Et leurs Gretchens? et leurs Dorothées?...)

Nos maisons fouillées, les armes furent prises ou rendues. Mon père n'attendit pas cet ordre. Sans promettre de laisser son épée au fourreau, il refusa de la rendre au commandant général (ô brave cœur); devant cette fierté farouche, l'ennemi s'inclina.

On doit comprendre ce qu'il éprouva de toutes les phases de la guerre, de sa durée, de son issue, et, pour rappeler la touchante parole de M. de Carné, atteint d'un chagrin semblable : « Rien ne lui fut épargné, ni la souffrance comme Français, ni celle qu'il ressentit comme père. » Cependant, cette dernière crainte s'atténua lorsqu'il vit son fils reprendre la liberté de ses mouvements. Dix-huit mois après, quoique faible et boitant encore, Robert partit pour l'Islande (1). Nous eussions préféré une autre destination, mais son numéro d'embarquement le désignait; cela ne se discute pas.

(1) Sur le *Dupleix*.

Dans les mers du pôle vers lesquelles de nouveau s'ouvrirent ses ailes, il ne devait plus admirer les aubes sereines, la fantasmagorie du soleil, les horizons d'or et de pourpre. Au contraire, il fallait entrer dans la région glaciale, la monotonie des jours semblables aux nuits.

Les brumes dans lesquelles je vais vivre, m'écrivait-il, s'harmonisent avec l'état actuel de mon esprit. Ne me crois pas découragé, sans moral. Non. Nous avons le droit, le devoir d'espérer, pour notre patrie vaincue et délabrée, un vigoureux relèvement; de même que le corps, l'âme se retrempe par l'épreuve, et je sens couler dans mes veines ma propre virilité.

Néanmoins je ne suis plus le même : 70 est une époque qui m'a laissé une marque ineffaçable.

Mon pauvre frère, naguère si confiant, s'attristait maintenant de la vie, et en touchait le fond si dur. En lui, le coin vert de l'âme, selon l'expression du poète allemand, — s'était rembruni.

Je suis à cette période de l'existence où l'on sent bien des choses nous échapper, d'abord le bonheur de vivre.

Nous autres marins, avons des détresses d'isolement que ne connaissent pas les hommes mêlés au monde.

En face de l'horizon qui s'étend, nous allons d'une vague à l'autre, d'un regret à un autre regret et toujours ainsi.

Les années s'écoulent, l'avenir nous manque, à nous dont les jours dépendent d'une goutte d'eau, d'une pierre heurtant la coque de notre bateau. — Adieu, écris-moi bientôt et souvent. Je pars vaillamment. Crois-moi.

Deux bâtiments de notre marine quittent Cherbourg (1) au mois de mars ou d'avril

(1) Ces campagnes durent quelques mois seulement, de février au 15 août. En Islande comme à Terre-Neuve la protection de la marine de guerre est indiquée

et font en sens inverse le tour complet de l'île. L'un et l'autre se rejoignent à Reikiavick vers la fin d'août pour rentrer au port (1).

pour les pêcheurs. Si nous les abandonnions, ce serait un coup funeste pour nos marines militaires; la pêche est une école, une pépinière de marins, tous Bretons. Quelle école plus rude! Qui ne connaît dans leur dure vérité les récits de la vie laborieuse des pêcheurs islandais et terre-neuviens?

(1) Ces navires de guerre ont pour mission de faire respecter par les capitaines marchands les lois du droit maritime international. Le rôle de la marine militaire en Islande ne se renferme pas strictement dans les limites étroites de ce programme. Si le navire pêcheur manque de vivres, le navire de guerre le ravitaille; s'il a éprouvé des avaries, le navire de guerre les répare. Il soigne ses malades.

En mai et vers la fin de juin ont lieu des relâches périodiques pendant lesquelles les pêcheurs peuvent communiquer avec l'un des bâtiments de guerre de la station, afin d'en obtenir les secours dont ils ont besoin. Ce bâtiment de guerre est impatiemment attendu par tous ces éclopés de la mer dont il va panser de son mieux les blessures. A cette époque la flotte des Islandais ne possédait pas encore le merveilleux bateau-hôpital qui porte avec lui « les secours matériels, les consolations morales et religieuses et tous les souvenirs de la mère patrie. » Ce fut en 1896 que cette œuvre humanitaire prit naissance (*a*).

(*a*) Facilité par les libéralités de la France, son développement fut aussi rapide qu'inespéré. Aux comités composés d'hommes capables, les femmes ajoutèrent leur cœur, leur zèle, leur entente et rien ne

A Fécamp « les longs préparatifs du départ annuel de cette flotte d'Islandais sont la grande émotion du pays. Ce sont de mâles adieux et les sages conseils des vieux marins dont la moitié de la vie s'est déroulée dans le grand silence et les brumes mystérieuses des mers lointaines. Tendres étreintes des épouses et des mères, le cœur brisé par l'angoisse du prochain départ, les espérances d'un heureux retour et le pressentiment d'une séparation éternelle... On n'entend que des murmures de prières pour ceux que la mer, la grande nourricière, mais aussi la grande dévorante, a déjà pris et garde toujours, pour ceux qu'elle emporte aujourd'hui et qu'elle ne rendra peut-être jamais.

Toutes ces femmes jeunes, vieilles, heureuses ou meurtries sont des âmes croyantes, toujours bercées entre la légende et le rêve et ont peut-être la vague intuition de tout ce qu'il y a de fragile et d'incertain dans notre pauvre vie si courte, si insaisissable, dans laquelle le présent n'existe pour ainsi dire pas, puisqu'il nous

devait lasser d'aussi précieuses collaboratrices. Par décret du 7 décembre 1898, les *Œuvres de mer* furent reconnues d'utilité publique.

échappe et s'évanouit sans cesse, et qu'elle n'est, à tout prendre, qu'un trésor de souvenirs et une vision d'espérance (1). »

Au mois de mai, le temps s'éclaire de l'incertaine blancheur des aurores boréales. — Le soleil — mais quel pâle soleil — ne quitte plus l'horizon et les jours sans fin de l'été succèdent à la nuit éternelle de l'hiver. Une fois le cercle polaire franchi, on a devant les yeux d'énormes blocs de glaces mouvantes; cette nature étrange, voilée comme un rêve, donne une impression d'irréel, de vision spéciale presque fantastique.

« La fréquence des ouragans rend la navigation périlleuse au milieu des glaces flottantes, des brumes qui cachent au marin le récif sur lequel court son navire, les courants qui l'égarent...

Chaque jour les fatigues se multiplient, les dangers deviennent incessants. — L'homme s'honore de conserver pour devise les mots de courage, de travail, de persévérance, en dehors desquels tout est mensonger, chimérique... »

(1) *Côtes et ports français de la Manche*, par M. Ch. Lenthéric, pages 335, 394, 395.

C'était donc sous ce ciel inclément que les voiles se tendirent et s'enflèrent pour emporter notre marin. Cette campagne fut sans durée, sans action et les lettres sans intérêt... Robert n'était pas un Loti.

Cherbourg, 30 mai 1873.

Bien cher père,

Réjouissez-vous tous; je suis dans la joie de mon âme; le commandant Lafont vient de m'honorer en me nommant son adjudant (aide de camp).

Il commande la *Clorinde* et va la conduire sur les côtes occidentales d'Afrique. Je ne pouvais désirer plus bel embarquement, ni souhaiter un poste plus enviable auprès d'un homme que je respecte, que j'aime entre tous, et pour tant de motifs : honneur, capacité, justice, cœur excellent. A qui suis-je redevable de ce choix? A la Providence assurément. J'aurai un rôle actif, utile par conséquent et je vais pleinement jouir d'une présence qui me sera un exemple. Soyez contents comme je le suis moi-même et plus que content, heureux, plus qu'heureux, fier. Oh oui! Je vous embrasse l'âme en haut. Puissé-je oublier là-bas nos défaites et bien servir la France!

Il partit au moment où son ami rêvait à une plus paisible destinée. M. Henri Hamon se mariait. « Sois heureux, lui dit-il en le quittant, toujours heureux; moi, c'est fini. »

L'année suivante Robert s'adressait encore à son ami.

Écris-moi, mon Henri. Parle-moi de *ton fils*, de ce fils qui vient de naître. Quelle bonne et forte chose que l'amitié pour qu'elle empêche toute idée d'envie de ternir en moi la pensée de ton bonheur. Je suis bien, bien heureux de savoir que les grandes joies que je ne connais pas, mais que je comprends, t'arrrivent, à toi.

Tes bonheurs deviennent pour moi les seuls. Mon père souffre. Cette guerre de 70 l'a tué. En Italie son corps fut brisé, ici l'âme. On ne se relève pas après.

Je me juge, je ne pourrais pas rester plus longtemps loin des miens. Écris-moi plus souvent. C'est l'ami et le médecin que je demande; si l'un peut être sûr d'être pardonné s'il ne vient pas à mon appel, l'autre a le devoir de venir et il viendra.

A toi, ami, mes deux mains. Allons, viens donc m'écrire, paresseux.

Sans en connaître le mobile, nous pressentions l'état moral du voyageur que notre inquiète tendresse suivait avec souci.

« Tu sais, cher père, écrivait-il à cette époque, que nous sommes arrivés à Zanzibar lorsque tout était fini, le fait accompli! comprends-tu semblable erreur du pouvoir; ce sont des fautes difficiles à réparer et on ne s'y appliquera pas... Qu'en dois-tu penser? Le sultan avait signé un traité avec l'Angleterre!...

Et par un autre paquebot : Je vous ai parlé de nos déceptions — ça continue à nous exaspérer. Voilà des choses qu'on voudrait ignorer. Comment nous traite-on au ministère? Le commandant, qui se possède, en est cependant très affecté, nous-mêmes ne décolérons pas. Alors que nous espérions agir, faire œuvre d'hommes, de courage, peut-être d'éclat, on rompt le pont sous nos pieds... Aurions-nous de mauvais bergers? »

De cette politique obscure et secrète, nous ignorions tout — et Zanzibar, et le sultan, et l'Angleterre et ses traités. Si nous ne connaissions rien de cette question, nous en redoutions les suites pour Robert — si peu politique, d'une infrangible probité. — Il est donc vrai de dire que la vie a quelquefois de tristes défilés. — L'ardent foyer de son patriotisme s'éteindrait-il? soupira mon père. Non, non, à peine couvert d'une cendre légère.

VII

En novembre 1874, lorsque mon frère revint, sa présence donna d'ineffables joies à mon père. « Je craignais, lui dit-il, de mourir avant ton retour. »

Je les ai vus tous deux se promener dans les grandes allées du jardin; ils se parlaient ainsi que se parlent deux amis, des causeries cœur à cœur, très fréquentes et douces. Ils se disaient tout bas de ces paroles particulièrement aimantes; il arrive ainsi que l'âge intervertit les situations, que les plus jeunes aiment davantage à mesure qu'ils doivent préserver, protéger la vie des aînés dont les jours menacés semblent plus précieux et plus chers encore. Les tendresses d'une nature impérieuse ont un inexprimable attrait : Robert en avait d'exquises; pendant ce rapide congé de deux mois demandé pour voir son père une dernière fois, il parut plus filial encore, infiniment touchant dans sa gaîté voulue, puis il partit de nouveau, appelé au commandement d'un aviso, *la Topaze,* alors dans la Guyane. Il l'accepta avec cette satisfaction « intense que donne une tâche nouvelle à un homme qui se sent capable de la remplir. »

L'individu s'efface, devient pour ainsi dire la personnification de sa patrie, de sa nation, dont il défend les intérêts et maintient le prestige. L'être humain en est grandi ; savoir ce qu'on vaut constitue la dignité du caractère. Tout d'abord il ne sentit pas cela. « Si ce commandement me satisfait, c'est parce que mon cher et excellent père partage cette satisfaction. Voir son contentement *par moi*, double le mien. » Il ne prononça pas, il ne put prononcer le mot joie, car l'ordre de départ qui l'enlevait à notre tendresse devait mettre entre son père et lui l'incommensurable distance qui sépare les morts des vivants.

Un matin, à trois heures, par une claire nuit d'hiver, il vint pour *l'adieu définitif*, et sans proférer une parole se tint debout devant son père. Bien autrement puissant que les mots, le silence témoigne de l'indicible état de l'âme. Ils étaient là, face à face, se pénétrant mieux que jamais, se comprenant comme jamais ils ne s'étaient compris. On le sait, les cœurs ne se fondent que dans les moments extraordinaires et se révèlent par un seul regard : très différent, leur chagrin devenait semblable par son égale intensité. Le visage de notre père, buriné à grands traits, s'éclaira soudain d'une flamme d'amour et son cœur déborda d'une ardeur jusque-là maîtrisée : *Adieu!*

C'était poignant, très simple dans son austérité.

Modérant le douloureux élan de son âme, mon frère contint toute expression de tendresse trop sensible. Ils se quittèrent... Entre eux tout finissait et la vision humaine constituait déjà le passé. Sans paroles, sans pleurs, suffoqué par cet effort surhumain, Robert sortit de la maison qui, elle aussi, resta dans un morne silence.

Après, je regardais son appartement abandonné, ses livres, son piano ouvert, sa pendule marquant le temps... Tout cela gardait l'empreinte désolée de l'absence. Ses départs laissaient toujours une trace profonde, mais celui-ci eut quelque chose de plus douloureux encore. Après cette séparation aucun rayon de soleil ne glissa sur nous, pas une lueur dans le sombre hiver de nos cœurs attristés.

Il avait été convenu que les lettres de l'exilé tairaient ses filiales sollicitudes, afin que leur lecture pût en être faite à son père, qui bientôt prit connaissance de celle qui suit :

A M. Henri Hamon.

Décembre 1875.

Mon Henri,

Je suis parti satisfait de mon commandement. J'avais pour me rendre à destination un bateau à voiles, et tu sais que je suis mangeur d'écoutes un brin. Tous ceux qui étaient venus ici avant moi m'avaient dit que la *Topaze* était un joli bateau.

En arrivant, j'ai effectivement trouvé une magnifique goélette de 33 mètres de long, carrée devant, des formes ravissantes. Mon appartement est fort bien et je m'y trouve à l'aise; j'y ai fait apporter un piano, des livres, les photographies des miens, en un mot, tout ce qui peut lui donner un semblant d'intérieur, d'intimité. N'ayant jamais commandé, je me sens « chez moi », ce qui n'est pas pour déplaire aux marins (1).

J'ai pris le commandement et suis content de mon équipage. Tout va donc bien jusqu'à présent.

Guyane Française, 30 décembre 1875.

Cher, bien cher père. Je veux te dire que je suis très content, fort occupé et intéressé par mon métier, je m'y donne tout entier.

(1) Commandant! Nous ne connaissons pas, écrivait un amiral, de position plus brillante et il n'en est pas qui offre de plus nobles satisfactions. Elle est rehaussée par les charges qu'elle impose. L'officier de marine est comptable de l'honneur de son pays; le pont de son bâtiment, c'est le territoire national; il emporte avec lui sa patrie et ses droits; il jouit d'une autorité sans partage et sans bornes, à tous les incidents c'est lui qui doit répondre; c'est vers lui que les yeux se tournent. Il est prévenu, qu'il avise. Autrefois, l'on disait d'un commandant de vaisseau : *Maître après Dieu.*

Ainsi hier j'ai dû faire passer ma *Topaze* entre deux bateaux. L'espace était tellement étroit, j'ai tant redouté un heurt qui l'eût perdue, que j'en ai fait des cheveux blancs. La manœuvre s'est carrément exécutée, l'équipage obéissant à mes ordres. L'aviso, mes matelots et moi, avons fièrement avancé, non sans risque, mais sans à-coup. — Dieu soit loué! C'est sérieux cela! Qu'en dis-tu, père?

Le soir, j'ai reçu à ma table un évêque anglican, de nobles étrangers, des dignitaires. Tout est bien allé, service convenable, menu recherché (1), conversation élégante, prudente et spirituelle, gaie sans trop. On a vu mousser le champagne et, comme les Anglais, élevant nos coupes, on a bu à la France, à l'Angleterre (ceci est de règle); que de hurrahs, de toasts!

Je vous envoie mes vœux pour 1876. Ces

(1) Le rôti, dinde truffée, abondamment truffée, a été payé deux cents francs par mon maître coq...

deux mots banalisés par les indifférents comprennent tout mon cœur. Vous ai-je dit que j'avais eu la joie de retrouver ici de Ferron, un cœur solide, charmant, instruit, artiste. Comme moi il commande un aviso. Notre service achevé, nous nous recherchons, coquetterie permise. Nous avons notre palette et nos pinceaux. Ah! cet amour des arts a fait et fait encore la joie et le regret de ma vie.

C'est donc une vie pleine, animée; à Cayenne, il fallait s'observer, éviter tout contact avec « de hardis messieurs, très soignés » qui nous tendaient leurs mains. Quant à la société, elle est folle de plaisir : on danse en habit et sans chaussure! aucune culture chez les femmes, aucun sérieux chez les hommes. Nous allons souvent le soir dans des salons mirobolants où nous brillons... l'ennui nous gagne bien vite et nous rentrons, contents. Je travaille à mon étude sur la Guyane. Vous lirez cela un jour.

18 janvier 1876.

Que chaque paquebot m'apporte une lettre de toi, ma sœur, dis-moi tout, *tout* : ne me cache rien, que pensent les docteurs Trélat et Potain, espèrent-ils quelque chose?

O Dieu! être si loin en un pareil moment, quelle angoisse! Parle-moi avec vérité, sans vouloir, par tendresse, me dissimuler rien. Tu comprends.

Je puis tout porter. J'ai vécu assez pour savoir les amertumes, les coups de la vie, ses déceptions, ses surprises.

Je viens de voir mourir un de mes matelots. Il a beaucoup souffert, peut-être moins de la tuberculose qui le minait que des approches de la pieuvre invisible dont nous sommes tous la proie.

J'étais près de lui, plein de pitié, mais aussi d'impuissance et je sens mieux encore ce que vous éprouvez. Il avait vingt-deux ans, n'a pas versé une larme (je n'en dirai pas autant de ton frère). Je l'ai embrassé; c'était un Breton très croyant à qui j'ai dit les dernières prières. C'est épouvantable de voir mourir, même d'une mort chrétienne.

Je termine ma lettre qui ajoute aux lamentations du prophète. Ah! combien je pense à vous deux, à ma pauvre chère maman!

Mon père à son fils.

1er juin 1876.

Mon brave commandant, mon ami.

C'est avec difficulté que je trace ces lignes, mais je veux te redire une fois encore ce que je garde pour toi de confiance, d'amour et de fierté.

Avant d'entrer dans mon éternité je t'embrasse comme l'ami que j'ai le mieux aimé et, *ainsi que les soldats,* je termine :

Ton père pour la vie. Je le dis pour celle-ci et — pour l'autre (1).

Cette lettre se croisa avec le billet suivant.

Mes bien chers. Le temps est magnifique. Comme je voudrais pouvoir vous envoyer quelques-uns des degrés de chaleur dont je

(1) Malgré ses souffrances, malgré la gravité de pensée d'un homme arrivé à cette extrémité, mon père conservait une sérénité qui parfois rappelait sa *gaîté*, ces derniers mots le prouvent. Il était si égal à lui-même que les dures épreuves subies n'avaient pu abolir cette indépendance très rare, d'un esprit que rien ne trouble. « La tristesse, nous disait-il, diminue ou amollit l'être humain. »

Après avoir écrit cette lettre il se renferma dans le silence du recueillement et des souvenirs — son âme se libérait des influences humaines et à part de rares, très rares affections, ne désirait plus rien : La présence des siens lui suffisait; sans communiquer ses idées à ma mère dont il se sentait parfaitement compris, il se refusa d'exprimer ces retours — tout à la fois navrants et doux — vers les années vécues ensemble, vers cette existence généreuse de devoirs, d'abnégation, de désintéressement. Un tel calme, une semblable paix l'amenaient à la pensée de la vie nouvelle allant s'ouvrir pour lui. « Ceux qui ont élevé leur esprit au-dessus du temps et de l'espace, écrivait Mickiewitch — peuvent à chaque instant avoir le sentiment de l'éternité. » — *Voir Dieu!*

me passerais sans souffrir, il paraît que l'hiver est rigoureux en France.

Ce qu'il nous taisait, c'était le danger d'un soleil de feu.

Pendant les vingt-cinq mois que Robert passa dans l'atmosphère embrasée de la Guyane (1), il

(1) Ce pays est l'un des plus chauds du globe : dix-huit à vingt degrés dans les heures et les saisons les plus rafraîchies. Excès d'humidité venant du sol, du ciel et de la terre; fièvres intermittentes et pernicieuses. L'insensible et progressif affaiblissement humain ne peut être combattu; la chaleur épuise les forces par sa continuité et tous les ressorts de la vie intellectuelle se fatiguent avec ceux de la vie physique. Sur ce sujet le général Charras s'exprimait ainsi : « Ces marais empestés de Cayenne, son climat torride, cette chaleur sénégalienne sont débilitants à l'extrême... A quelque distance sont *l'île du Diable, les îles du Salut, le Maroni...* »

Cinq ou six ans avant d'être emporté par le *vent éternel,* Robert fut atteint d'une hépatite, qui, d'abord sans symptôme apparent, attaquait les sources mêmes de sa vie. Le lent mais implacable mouvement de la maladie laissait à son être physique sa liberté vaillante. C'est ainsi qu'il voulait partir pour la Chine, l'ennemie irréductible. « Il y a quelques coups à donner là-bas, j'en serai. » Attente vaine, espoir déçu... Ses dernières années, il les passa soit au port de Cherbourg, ou en escadre, s'affaiblissant, mais se relevant par une résistance nerveuse autant que par un effort d'énergie. Il devait mourir en pleine vigueur d'esprit, à quarante ans (11 août 1883), avant l'heure des actes définitifs, termine soupçonna pas que le principe de mort qui devait si rapidement l'enlever germait en lui sourdement, sûrement. Il faut le reconnaître, la semence des choses est petite; un rayon trop ardent du soleil lui imprima ses mortels stigmates. Heureusement nous ne savions pas : les anxiétés de chaque jour nous étreignaient absolument et nous n'imaginions pas un autre tourment. Après cet hiver, vint le printemps, puis l'été. Que nous étaient les saisons, les choses extérieures? Un seul fait, simple, mais terrible, nous dominait. La mort s'emparait de celui que si longtemps nous lui avions disputé.

Calme et croyant, mon père entra *in viam visionis*, s'approchant de ce Dieu consolateur et juste qu'il avait loyalement servi. Il nous quitta non sans douleur, mais sans défaillance; son

nant ainsi une carrière honorable, toute dévouée à sa patrie, à son devoir et terminant par cette suprême lutte morale un passé d'actions. — « Ah! mourir dans son lit alors que d'autres, là-bas, défendent la France. » Jour par jour il constatait la diminution de ses forces, mais suivait encore sa chère vie d'homme de mer; des noms d'amis ou de camarades revenaient sur ses lèvres. La plupart de ces noms échappent à la mémoire : le sien seul demeure.

dernier regard fut pour ma mère, son dernier mot le nom de mon frère.

Son noble visage se voila d'ombre et ensuite parut plus beau dans sa rigidité. Son unique main reposa sur son cœur désormais apaisé. Plus un battement, plus une souffrance, plus rien, la mort. — 12 juillet 1876 (1).

VIII

L'existence séparée amène parfois de cruels contrastes. Au moment où le courrier français fut apporté à bord de la *Topaze*, mon frère ne s'y trouvait pas et dînait chez le gouverneur de Cayenne, M. Loubère, où les dépêches lui furent envoyées. Il ouvrit rapidement ses lettres. « Je l'ai vu pâlir, écrivait Mme Loubère, et lorsqu'il vint prendre congé, on sentait en lui une inexprimable angoisse...

(1) Dormez... que vos yeux se ferment avant l'incursion des « ennemis de l'intérieur »! « La religion du patriotisme, enseignée par les aïeux, sera-t-elle blasphémée par ses enfants? » M. G. HANOTAUX.

Vicomtesse d'H. B..., en France.

14 août 1876.

Madame,

Permettez-moi de vous adresser cette lettre en vous priant de la communiquer à ma mère si toutefois vous le jugez à propos . . . .

. . . . . ensuite je me retirai. Mon canot, en me reconduisant à bord, semblait ne porter qu'un cadavre. J'étais anéanti. Je vivais la vie de mon père; surtout je voyais sa mort et restais ainsi plus abandonné, plus dénué qu'on ne peut se l'imaginer.

Les pages écrites par ma sœur où ses larmes élargissaient les mots, — agrandis dans leur sens comme dans leur forme, — me brûlaient les yeux. Pour être tout à ma douleur, il me fallait une solitude complète. Où la trouver, sinon en pleine mer, en pleine nuit, en plein Ciel? Ah! Ce ciel si vaste, si haut, je le regardais, car c'est là et non plus en France que je trouve mon père. Sans me lasser je contemplais ces infinies profondeurs où notre âme monte invinciblement à chacune de ses douleurs.

Dès la pointe du jour, je dus quitter l'espace et revenir à bord. Ne suis-je pas commandant et forcé au souci des hommes, à d'impérieux devoirs?... Puis, madame, je descendis chez moi, relisant toutes ses lettres. J'y trouvai la sagacité de ses conseils, sa force morale, sa raison solide, droite, élevée, toute la loyauté de son âme. J'ai compris, comme jamais auparavant, ce que valait son cœur, ce que je lui devais, ce que je perdais en le perdant. Alors seulement j'ai senti tout ce que j'aurais voulu lui témoigner d'amour pour son amour de père, et mon cœur, à moi, se fondait d'impuissante douleur en de stériles larmes (1).

(1) omme on serait parfait pour ceux qu'on aime si la ensée de la séparation éternelle était sans cesse

A huit heures, je repris la mer et me fis conduire à terre, à la cathédrale. Pendant la messe je priais... je les voyais tous trois. *Lui* dans la paix éternelle, *elles* dans leur désolation.

La lettre qu'il nous écrivit ensuite est trop intime, trop déchirante pour que je puisse la reproduire. Il insista beaucoup pour connaître les discours prononcés sur la tombe de son père. « Mon père!... Je ne le donnerai plus jamais, ce beau nom de père; pour vous deux, mes plus chères affections, je suis votre fils, votre frère, mais surtout votre ami. »

Un an plus tard, Robert revint en France et sa chère maison lui parut désolée, tant était profond le vide qui s'y était creusé. Dès le lendemain de son retour, de très bonne

présente! Ce serait une torture. — Oui. — Mais on s'affranchirait de ce qui rend si aiguë la perte des nôtres... Un léger grief prend les proportions du remords. « Un des traits les plus tristes de la vie humaine — disait Herbert Spencer — est la faiblesse du sentiment de nos obligations filiales, comparée avec le sentiment poignant que nous en avons quand il ne nous est plus possible de nous en acquitter. »

heure, il vint me trouver : Je ne sais pas où on *l'a* mis, viens avec moi ! » Il eût préféré être seul, mais on sait se faire seul, à ces moments-là...

C'était à l'aube d'une journée de printemps. Le soleil se levait. Aux arbres, des feuilles nouvelles ; dans les feuilles, des nids, — et les oiseaux chanteurs passaient au-dessus de nous, légers, actifs, heureux. Au loin, les hautes montagnes, les rochers sévères, partout le calme particulier des matins. L'espace, l'air et les cieux, paisibles, transparents, élevés et purs, — l'impassibilité, la glaciale indifférence des choses. A côté de nous, une tombe, un nom, celui de mon père.

Peu d'années après, ma mère s'endormit, elle aussi, « dans la paix du Seigneur ». Sa mort fut digne, sainte, consentie. Nous l'avons placée, mon frère et moi, à côté de notre père, sous la même pierre où fut gravé le même nom. Quelques mois après, cette pierre dut se soulever à nouveau, avant d'être à jamais scellée : Pour la troisième fois on y gravait un nom, toujours le même, celui du dernier des miens.

La mer qui l'avait repris le rendit, ou plutôt il lui fut arraché. Il ne voulut céder ni aux instances de l'amitié, ni aux menaces de la mort : elle le terrassa. Cette mort qui l'avait tant regardé, mais qu'il avait toujours chassée, il essaya de la braver encore. Son cœur de flamme, sa volonté de fer se révoltaient. De puissantes étreintes d'âme et de corps le saisirent, effroyable lutte, sans nom, sans trêve. Ce qu'il aimait, il fallait l'oublier; son épée, la mer, sa patrie, l'avenir, l'existence, ses affections, ses tendresses, tout. Tout croulait, vaines visions de la vie, horreurs de la mort, il dut tout subir.

Non vaincu, mais conforté par de suprêmes espérances, il accomplit le dur sacrifice, et s'en alla pacifié vers les océans éternels. Dans cet Infini de Dieu il ne doit plus rêver, comme dans les mers d'ici-bas, de rivages abandonnés, de foyer déserté...

1890-1908.

FIN

TABLE DES MATIÈRES

PARIS

TYPOGRAPHIE PLON-NOURRIT ET Cie

8, RUE GARANCIÈRE

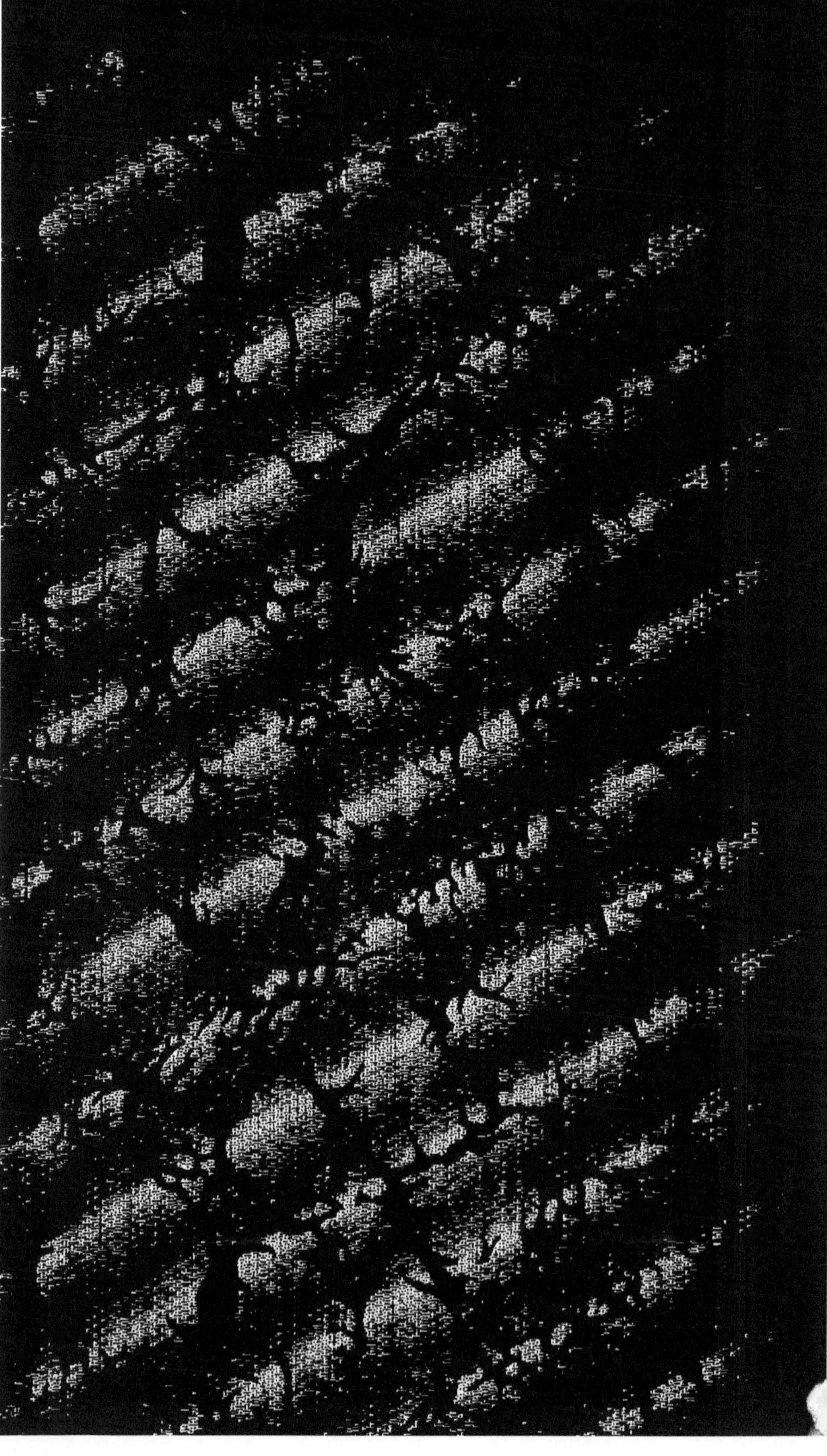

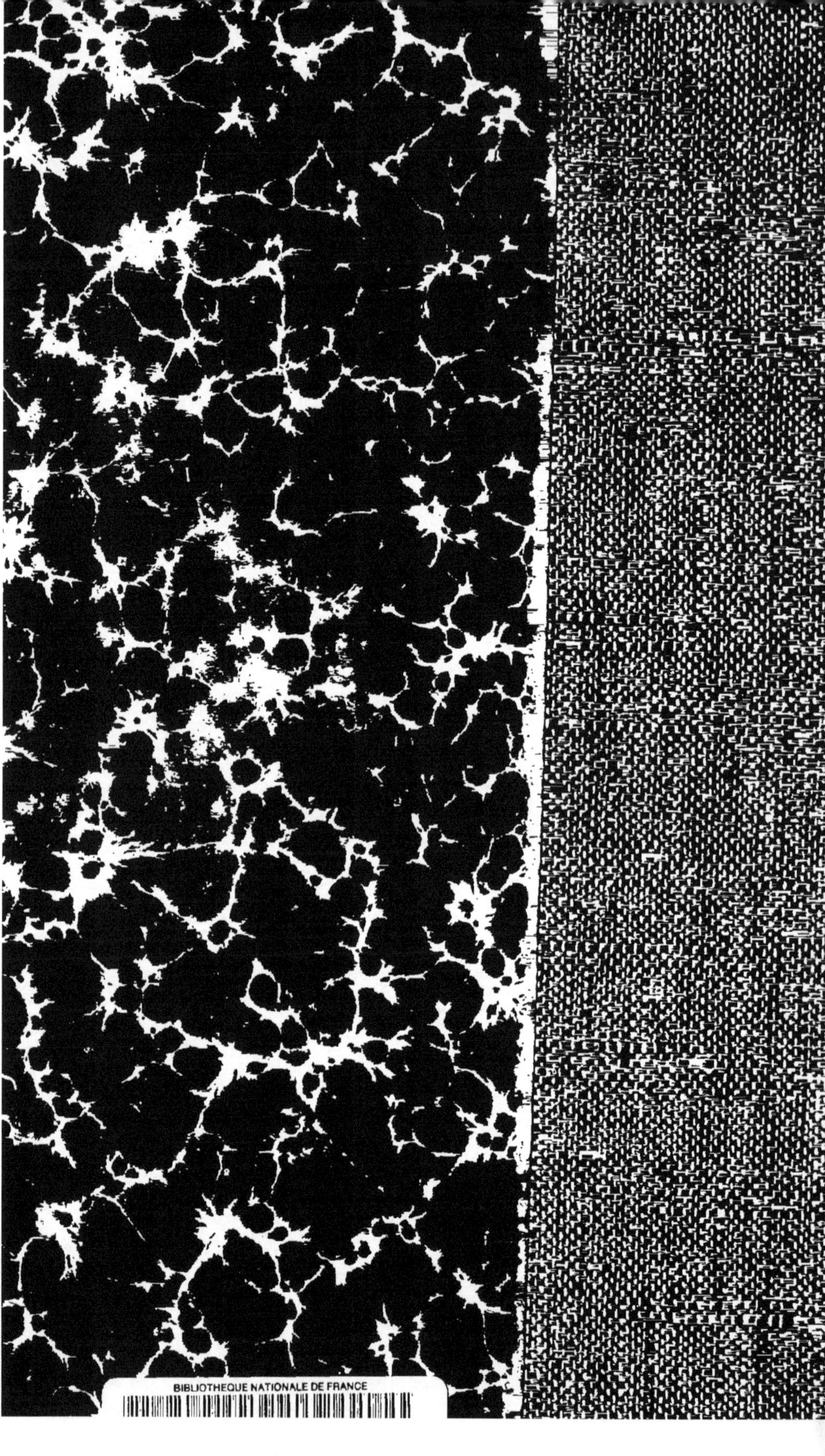
BIBLIOTHEQUE NATIONALE DE FRANCE

www.ingramcontent.com/pod-product-compliance
Ingram Content Group UK Ltd.
Pitfield, Milton Keynes, MK11 3LW, UK
UKHW020110200726
13856UKWH00002B/465